Gábor Térey

Kardinal Albrecht von Brandenburg und das Halle'sche

Heiligtumsbuch von 1520

Eine kunsthistorische Studie

Gábor Térey

Kardinal Albrecht von Brandenburg und das Halle'sche Heiligtumsbuch von 1520
Eine kunsthistorische Studie

ISBN/EAN: 9783743629769

Hergestellt in Europa, USA, Kanada, Australien, Japan

Cover: Foto ©Thomas Meinert / pixelio.de

Weitere Bücher finden Sie auf **www.hansebooks.com**

Cardinal Albrecht von Brandenburg

♯

und das

Halle'sche Heiligthumsbuch von 1520.

Eine kunsthistorische Studie.

〜〜〜〜〜〜〜〜〜

INAUGURAL-DISSERTATION

der

PHILOSOPHISCHEN FACULTÄT

der

KAISER-WILHELMS-UNIVERSITÄT ZU STRASSBURG

zur

ERLANGUNG DER DOCTORWÜRDE

vorgelegt von

GABRIEL von TÉREY.

— ·· ～～～～～～～～ — —

STRASSBURG

Universitäts-Buchdruckerei von J. H. Ed. Heitz

(Heitz & Mündel)

1892.

Cardinal Albrecht von Brandenburg

und das

Hallesche Heiltumsbuch von 1520

Dem Andenken

meines geliebten Vaters

in dankbarer Verehrung.

Die erste Hälfte des sechszehnten Jahrhunderts ist reich an ausserordentlichen Erscheinungen. Dies gilt nicht etwa vom Süden, von Italien allein, wo man sich als den eigentlichen Erben der antiken Kultur betrachtete, sondern auch vom Norden, vor allem von Deutschland — obgleich zugegeben werden muss, dass die Wiedergeburt von Kunst und Wissenschaft sich auf italienischem, sagen wir richtiger auf toscanischem Boden, vollzog. Wenn auch in Deutschland die Kunstbestrebungen nicht in dem Sinne wie in Italien geübt wurden und wir z. B. das Zusammenwirken von Gelehrten und Künstlern schmerzlich vermissen oder nur in wenigen Fällen im Stande sind es zu constatiren, so muss anderseits hervorgehoben werden, dass gerade in der Blüthezeit der deutschen Kunst, zu Anfang des sechzehnten Jahrhunderts, Kunst und Wissenschaft rege Förderung durch zwei hervorragende Fürsten genossen, ich meine den Kaiser Maximilian I. und den Cardinal Albrecht von Brandenburg. Und so möge vorliegende Arbeit, der sich bald eine zweite über „die Miniaturen Cardinal Albrechts" anschliessen soll, dazu beitragen, die Kunstthätigkeit am Hofe dieses damals mächtigsten Kirchenfürsten des Nordens schätzen zu lernen.

Vorliegende Arbeit behandelt das Verhältniss des Halle'schen Heiligthumsbuches von 1520 zu dem Halle'schen Domschatz. Sie ist auf Anregung der in Hubert Janitschek's Geschichte der deutschen Malerei gemachten trefflichen Bemerkung entstanden: „Die Auseinandersetzung zwischen Cranach und der Aschaffenburger Schule ist noch lange nicht abgeschlossen, ernster als bisher, wird dem von Albrecht beschäftigten Künstlerkreise nachzuforschen sein. Dass infolge der Doppelstellung des Albrechts als Erzbischof von Magdeburg und Halberstadt ein lebendiger Verkehr der unter Cranach blühenden Wittenberger Schule mit den von Albrecht am Ober- und Mittelrhein herangezogenen Künstlern stattfand, ist

*

einleuchtend." Der erste Theil der Untersuchung ist dem Halle'schen Domschatz, der zweite dem Halle'schen Heiligthumsbuch von 1520 gewidmet. Wenn auch archivalische Forschungen in Bezug auf Künstlernamen uns wiederum im Stich gelassen haben, so muss hier ausdrücklich bemerkt werden, dass jener Künstler, den wir mit Pseudo-Grünewald zu bezeichnen pflegen, und der nach Niedermayer mit Simon von Aschaffenburg identisch sein soll und von ihm als Künstler des Halle'schen Domschatzes hingestellt wird, aus stilistischen Gründen mit diesem nicht identisch sein kann. Die Künstler des Halle'schen Domschatzes bleiben vorläufig uns unbekannt. Besser steht aber die Sache mit dem Halle'schen Heiligthumsbuch von 1520. Der Hauptkünstler desselben ist Wolf Traut. Zuerst hat Nagler das verschlungene Monogramm W. und T., das er auf den heiligen Petrus vorfand auf diesen Künstler gedeutet. R. Muther wies (an der weiter unten angeführten Stelle) sämmtliche Holzschnitte dem Wolf Traut zu, aber W. Schmidt erkannte mit scharfsinnigem Blick, dass ein Theil derselben mit unserem Nürnberger Meister nichts zu thun habe. Verfasser hofft, diesen zweiten und unbekannten Künster mit dem Pseudo-Cranach d. h. einem jener Künstler, den wir als Gehülfen des Pseudo-Grünewald erkennen müssen, richtig identificirt zu haben.

Während der Drucklegung sind dem Verfasser drei auf Wolf Traut Bezug nehmende Abhandlungen zu Gesicht gekommen. Die erste derselben ist von W. Schmidt: „Ueber den Antheil W. Traut's, H. Springinklee's und A. Altorfer's an der Ehrenpforte Kaiser Maximilians I." (Chronik f. vervielf. Kunst 1891 pg. 11). Verfasser möchte an dieser Stelle bemerken, dass die von ihm erzielten Resultate in Bezug auf den Antheil Wolf Traut's an der „Ehrenpforte" und am „Theuerdank" mit denen des genannten Aufsatzes genau übereinstimmen, obgleich er den Aufsatz W. Schmidt's bei Anfertigung seiner Arbeit noch nicht hat benützen können (unsere Abhandlung war bereits Ende Februar l. J. abgeschlossen). Die Gestalt Rudolphs des Streitbaren ist Springinklee zuzuweisen. — Die zweite Abhandlung ist die Max Friedländers. (Altorfer der Maler v. Regensburg. Leipzig 1891. A. Seemann). Er ist geneigt, mit Bayersdorfer und Hauser das Gemälde in Aufhausen bei Straubing dem Wolf Traut zuzuweisen. Mit dieser Neu-Taufe ist Verfasser leider nicht einverstanden.

*Die Composition im Hintergrunde im Bogenfelde, vor allem aber
die antikisirenden Costüme weisen nicht auf W. Traut hin.
W. Schmidt in seiner Besprechung der soeben erwähnten Altorfer
Monographie findet „besonders in der Farbengebung" Verwandtschaft mit W. Traut (auch mündlich hat Verfasser von sachver-
ständiger Seite die gleiche Ansicht vernommen), fügt aber hinzu:
„Das Bild von 1514 (Artelshofer) zeigt überall die Vorzeichnung,
das Aufhausener nicht, in ersterem ist zu Verzierungen Gold verwendet, im letzteren nicht, und gänzlich weicht die Landschafts-
und Baumbehandlung ab. Es lässt sich nicht leugnen, dass die
Wiedergabe des Laubwerks in dem Aufhausener Bilde eine
täuschende Aehnlichkeit mit der auf Springinklee's Holzschnitt hat."
Verfasser, der das Aufhausener Bild leider nur aus Photographie
kennt, muss in diesem Punkte W. Schmidt beipflichten. In der
„Landschafts und Baumbehandlung" ist die stilistische Verwandtschaft unleugbar. Die Vermuthung, dass Hans Springinklee der
Künstler sei, ist wohl denkbar, umsomehr, da dieser, wie Neudörfer (Q. f. K. X. 144) berichtet, Dürer's Hausgenosse war
und auch zu seiner Aufhausener Madonna eine Zeichnung von ihm
benützte. (Heil. Familie Mus. Basel; abgebildet in A. Springer's
Dürer). W. Schmidt bemerkt mit vollem Recht, das Wolf Traut
nur in zweiter Linie in Betracht kommen kann.*

*An gleicher Stelle (Chronik f. vervielfältigende Kunst IV.
56 ff.) führt W. Sshmidt zwei Holzschnitte an, die er dem Wolf
Traut zuweist: „„Die eine (figurenreiche) befindet sich in den
Uffizien unter Nr. 288 als „Ignoto" ausgestellt, er trägt das
Datum 1511, der andere ist das Titelblatt zu dem „Nutzbarlichen
Buchlein" des Johann von Staupitz, Nürnberg 1517." Verfasser
kennt den Uffizi-Holzschnitt nicht. Dagegen hat er den in
Muther's Bücherillustration (Tafel 214) abgebildeten Holzschnitt
des „Nutzbarlichen Buchlein" untersucht. Derselbe ist von all den
Holzschnitten des Wolf Traut so verschieden, dass er diesem
Künstler nicht zugewiesen werden kann. Der Typus ist ein so ganz
anderer, der Kopf ist länglich, die Hände zart und schmal, vor
allem aber fehlen jene für Wolf Traut so characteristischen kleinen
Querstiche im Gesicht. Der auf derselben Tafel reproducirte Holz-
schnitt (Strabi fuldensis monchi — — hortulus — — 1512) des
W. Traut wird unser Urtheil bestätigen; oder man vergleiche*

den in Frage stehenden Holzschnitt mit dem h. Augustin (reproducirt bei Hirth und Muther, Meisterholzschnitte. Lief. VIII. Taf. 60), oder mit dem h. Stephanus aus dem H. H. 1520 (s. unsere Abbildung), oder mit dem ebenfalls bei uns wiedergegebenen Holzschnitt aus dem „Missale Pataviense“, so wird man den Unterschied auch deutlich erkennen können.

Ueberall wo es heisst: Anm. 8. I. od. II. od. III. od. IV. od. V. verweisen wir auf pag. 5. Anm. I.

Zum Schlusse aber sei im Interesse der Wissenschaft ein scharf zu rügender Missstand erwähnt. Derjenige Leser, welcher sich für den Cardinal Albrecht von Brandenburg interessirt und anlässlich der Besprechung des XIIIten Bändchens der „Liebhaber-Bibliothek alter Illustratoren in Facsimile-Reproduction“ (Halle'sches Heiligthumsbuch von 1520. G. Hirth 1889) im liter. Centralblatt (Jahrg. 1890) die hier vorliegende Arbeit angekündigt fand, wird sich wundern, warum dieselbe erst jetzt erscheint. Der Grund hiervon ist folgender. Da für die Benützung der k. Hof-Bibliothek in Aschaffenburg nur zweimal wöchentlich je eine Stunde festgesetzt ist und unter diesen Umständen die Vergleichung des Halle'schen Heiligthumsbuches von 1520 mit dem dort befindlichen sogenannten „Mainzer Domschatz“ nicht ausgeführt werden konnte, so richtete Verfasser an die Regierung von Unterfranken und Aschaffenburg das Gesuch, zu erlauben, dass der in Frage stehende Codex zur Benützung dem Lesesaal der Landes- und Universitätsbibliothek in Strassburg oder Würzburg zugesandt würde; falls aber die Regierung darin nicht einwilligen wolle denselben der Post anzuvertrauen, erklärte sich Verfasser bereit, sämmtliche Kosten für einen von dem Herrn Hofbibliothekar in Aschaffenburg bestimmten Boten zur Ueberbringung und Abholung des Codex zu bestreiten. Die Kammer des Innern der Regierung von Unterfranken und Aschaffenburg leistete dem Gesuche keine Folge; denn es besteht eine „unbedingt massgebende Bibliothekeninstruction vom Jahre 1866“! Diese Antwort liess sehr lange auf sich warten. Verfasser hatte sich desshalb inzwischen mit dem Herrn k. Hofbibliothekar Englert in Aschaffenburg verständigt, welcher sich bereit erklärte, von seinen Gymnasialsommerferien 17 Tage zu opfern. In der kurzen Zeit musste unter grossen Schwierigkeiten *und Anstrengungen die vergleichende Arbeit ausgeführt werden; dieser Umstand möge auch etwa vorgekommene Irrthümer entschuldigen. Sodann wurde im September ein neues Gesuch an die Regierung von Unterfranken und Aschaffenburg gerichtet, in welchem um Erlaubniss für 3 photographische Aufnahmen aus dem „Mainzer Domschatz" nachgesucht wurde. [Es sollten die Illustrationen zu Beispiel I (pg. 23) II (pg. 24), III (pg. 25) veröffentlicht werden.] Das Gesuch wurde wegen der oben erwähnten Bibliothekverordnung wiederum verweigert. Im Interesse der Wissenschaft, ganz besonders aber in dem unserer jüngsten Wissenschaft: der Kunstgeschichte, fühlt sich Verfasser verpflichtet auf diese veralteten, büreaukratischen und unzulänglichen Bibliotheksverhältnisse von Aschaffenburg sowie auf die Dringlichkeit der Abhilfe hinzuweisen. Diese Einrichtungen passen nicht mehr in unsere Tage, sie passen nicht zu den raschen Fortschritten und Bestrebungen der Wissenschaft, sie legen nur Schwierigkeiten dem wissenschaftlich Arbeitenden in den Weg. Aber wem gehört die Wissenschaft? Sie sollte allen zugänglich sein und so auch Codices und Kunstwerke nicht hinter Schloss und Riegel gehalten werden. In eine so schwer zugängliche Bibliothek gehören wichtige Codices nicht, ihr Platz ist in einer grossen zugänglichen Bibliothek, wo sie auch benützt werden können, wo man ungehindert sie bearbeiten kann. Die in der Aschaffenburger Hofbibliothek befindlichen wichtigen Codices sollten daher im Interesse der Wissenschaft am zweckmässigsten nach München oder Würzburg übergeführt werden. Das hohe k. bayr. Staatsministerium für Kirche und Schulangelegenheiten in München könnte von fachmännischer Seite des aufrichtigsten Dankes versichert sein, wenn es auf eine derartige Veränderung hinwirkte.*

Denjenigen Herren aber, welche so gütig waren, die vorliegende Arbeit zu fördern, spreche ich hiermit meinen verbindlichsten Dank aus. Vor allem gilt dieser Dank meinem hochgeschätzten Lehrer, Herrn Professor Dr. Hubert Janitschek.

Strassburg im Dezember 1891.

Der Verfassor.

INHALTSVERZEICHNISS.

Abkürzungen.

H.H. 1520 = Halle'sches Heiligthumsbuch von 1520.

W.R. 1526 = Würzburger Register von 1526.

N.R. 1540 = Nürnberger Register von 1540.

Hirth. = Halle'sches Heiligthumsbuch v. 1520. Ausgabe Hirth.

Gg. = Gang.

Z. = Zeile.

pg. = Seitenzahl.

Sts. = Stirnseite.

Rs. = Rückseite.

I. THEIL:

«Der Halle'sche Domschatz».

Historische Vorbemerkungen.

Nachdem am 3. August 1513 Erzbischof Ernst von Magdeburg mit Tod abgegangen war, hatte der Markgraf Albrecht II.
von Brandenburg,[1] welcher bis jetzt die Zügel der Regierung mit
seinem Bruder geführt hatte, sich vom Magdeburgischen Dom-
kapitel zum Nachfolger wählen lassen; und als im folgenden Jahre
der Erzbischof von Mainz, Uriel von Gemmingen, starb, da regten
sich in Albrecht die ehrgeizigen Triebe, auch noch diese hohe
Würde für sich zu gewinnen, und da er sich für bereit erklärte,
die für das Pallium zu entrichtenden Kosten, die sich in diesem
Falle auf 24,000 Florins beliefen, aus eigenen Mitteln zu bestreiten, so war seine Wahl gesichert. Von Hause aus stand ihm
aber eine so hohe Summe nicht zu Gebote. Desshalb musste
diese bei den Fugger entlehnt werden. Doch womit konnte Albrecht diesem mächtigen Bankhause die nöthige Garantie leisten?
Er liess die von Julius II. angefertigte Ablassbulle von Leo X. erneuern. Der Papst war ihm gerne zu Willen, stellte jedoch die Be-
dingung, dass Albrecht die Hälfte der Ablasseinkünfte nach Rom
abliefern müsse. Der Bau der Peterskirche ging nur langsam voran,
und jede Beisteuer konnte nur erwünscht sein. Als nun Tetzel im
Auftrage Albrechts im Lande umherzog, das Ablasskreuz auf-
richtete und zu dessen Fuss den Ablasskasten setzte und sogar
bis in die Nähe von Wittenberg gekommen war, da entbrannte
im Herzen Luthers der Zorn. Wenn er aber im „Anfang" in
aller Demuth um Abhilfe der Missbräuche bittet, so verändert
sich wesentlich das Verhalten Luthers, als nun der in der Zwischen-

---

[1] J. May, «Der Kurfürst, Cardinal und Erzbischof Albrecht II. von Mainz
und Magdeburg, Administrator des Bisthums Halberstadt, Marggraf von Brandenburg und seine Zeit». München, G. Frantz, 1869 und 1875. — J. H. Hennes
«Albrecht von Brandenburg, Erzbischof von Mainz und Magdeburg». Mainz,
F. Kirchheim, 1858.

zeit zum Cardinal [1] ernannte Erzbischof Albrecht die Idee seines
Vorgängers,[2] eine Stiftskirche in Halle a. S. zu gründen, verwirk-
licht und mit der Ausstellung der Reliquien daselbst reichlichen
Ablass gegen Geldabgabe verkündigen lässt.[3] Da sehen wir, wie
Luther den Cardinal wegen des von ihm errichteten „Abgottes"
in derben Ausdrücken auf's Schärfste angreift — und der hohe
Kirchenfürst, nachdem er lange mit seiner Antwort gezögert hatte,
dieselbe mild und edel abfasst. Aber gewiss würden wir par-
teiisch urtheilen und die Sachlage verkennen, wenn wir meinten,
der Cardinal habe die Stiftskirche einzig und allein nur desswegen errichtet, weil er hoffte durch die Ablasseinkünfte leichter

---

[1] A. Wolters in seinem «Abgott zu Halle» (Bonn, A. Marcus, 1877) Anm.
53 zweifelt daran, dass Albrecht, Cardinalpriester von S. Pietro in vinculis
gewesen sei und bezieht sich darauf, dass weder der kleine noch der grosse
Cardinal von Dürer diesen Titel tragen, dagegen : sanc. romanae ecclae. ti. san.
Chrisogoni prb. cardina. Wolters fügt dann dazu : «Albrecht selbst unterschreibt
erst 3. März 1526 als ecclesiae tit. s. Petri ad vincula presbyter Cardinalis»
(Erhard, «Ueberlieferungen» 1828, III, pg. 38). Darauf möchten wir erwidern,
dass Albrecht von 1518—21 Cardinal des Titels S. Chrysogoni d. h. Cardinal-
presbyter oder Hauptpriester der in der Rione di Trastevere am rechten Ufer
der Tiber liegenden Kirche San Crisogoni in Rom war, und erst nachher den
neuen Titel erhielt (vgl. Ciacconii vitae pontif. I. 413. 416). Wir sehen wie
Albrecht noch am 14. Juli 1520 als der röm. Kirche des «Titels S. Crisogoni
priester Cardinal» genannt wird (Dreyhaupt I, pg. 266), aber schon am 14. Mai
1521 den neuen Titel führt (Dreyhaupt I, Doc. 265). Dass der «grosse Cardinal von Dürer» noch den alten Titel führt, hat keine Bedeutung für uns. —
Verfasser möchte gleichzeitig hier eine Stelle aus «L'Antichità di Roma» . . . di
Giacomo Pinarolo milanese. In Roma per A. Rossi 1703 erwähnen, wo es bei
der Besprechung der Chiesa di S. Pietro in Vincula also heisst: «E nell' ultimo
Altare è un quadro con la pietà, e le marie è bella fatiga di Alberto Durero
Tedesco dipinto con gran studio.» Die Möglichkeit ist nicht ausgeschlossen,
dass Albrecht, als Cardinal des Titels dieser Kirche ein solches Bild stiftete.
Dasselbe ist uns nicht erhalten.
[2] J. C. v. Dreyhaupt: Beschreibung des zum ehemaligen Primat und
Ertz-Stifft nunmehr aber durch den westphälischen Friedens-Schluss secularisirten
Herzogthum Magdeburg gehörigen Saalkreyses. Halle in Verlegung des Waysen-
hauses 1755. Part. I. 845.
[3] Albrecht hatte laut päpstl. Dekret vom 15. April 1515 (vgl. Erhard's
Ueberlieferungen 3. 14) die Erlaubniss erhalten, in der Mainzer und Magdeburger
Provinz, sowie in dem weltlichen Gebiet der Stifte Mainz, Magdeburg und
Halberstadt, sowie in den Ländern des Hauses Brandenburg auf die Dauer
von 8 Jahren (bis 1. August 1522), Ablass verkündigen zu lassen.

seine grossen Schuldenlasten tilgen zu können. Er hatte viel
grössere und edlere Absichten : sein wissenschaftlicher Sinn und
seine religiöse Gesinnung müssen ebenso sehr, wie der pecuniäre
Gewinn in Betracht gezogen werden. Wohl wusste der Cardinal,
welchen Feind er wie der Humanismus in Luther hatten, er wusste
ebenso wie Erasmus, dass Luther kein Humanist war, und der
Cardinal selber, ein begeisterter Verehrer und Förderer des Humanismus, hatte schon längst die Absicht, nicht nur eine mit
gelehrten Canonici besetzte Stiftskirche zu errichten, sondern mit
ihr eine Hochschule zu verbinden, welche als Nebenbuhlerin neben
der Wittenberger[1] zu hoher Ehre gelangen sollte. Aber noch
einen viel wichtigeren Zweck, der sonst so oft mit Absicht über-
sehen wird, hatte er: für das Seelenheil seiner gläubigen Schaar
zu sorgen. Den besten Beweis dafür haben wir in Capito's Brief[2]
vom 4. August 1521 an Zwingli: „Der hochwürdigste Cardinal
von Mainz dringt so viel in seinen Kräften steht darauf, dass
das Evangelium gepredigt werde, aufrichtig, ohne dass das Volk,
ohne dass die Leidenschaften aufgeregt werden, und er will nicht,
dass ein Geschrei erhoben werde gegen Luther.“

---

[1] Es sei hier in Erinnerung gerufen, dass mit der Wittenberger Hochschule
die Schlosskirche verbunden war, wo jährlich einmal die Heiligthümer gezeigt
und der Ablass verkündigt wurde (vergl. Wittenberger Heiligthumsbuch 1509,
wiederherausgegeben von G. Hirth. München 1884). Wie wenig die neue Lehre
im Jahre 1520 in Wittenberg Wurzel gefasst hatte, beweist der Umstand, dass das
Heiligthum, welches 1509 in 8 Gänge eingetheilt war, so sehr anwuchs, dass es im
Jahre 1520 12 Gänge aufweist. Aus diesem Jahre bewahrt das Grh. Archiv in Weimar
(Reg. O pg. 94 EE 3 zu O pg. 94 EE) eine neue Verordnung : «Verzeichniss
des Heyligthumbs, so In dieszen XVc vnnd XX Jar zu Wittenberg, In XII
gangen geweist soll werden :
Erstlich wirdet in demselben zwölff gangen In yedem angezeigt wievil
das stuck Inn sich hat.
Zum anderen so wirdet verwendt, das im yeglichem gang vff ein stuck
Heiligthumbs, Hundert Jar, Hundert tag, vnnd Hundert vnnd ein quadragen
gerechent werden, Wievil desshalb ablas vff alle stuck eines yeden gangs In ein
Summ macht.
Zum dritten Wirdet zu solchen Sum eins yeden gangs noch Hundert tag
vnnd ein quadragen gelegt vnnd gerechent
Was dan mit solcher Zulegung, ein yeder gang für ablas hat, Wirdet
durch eine sonderliche Sum nach der Ersten augentlich vertzeichnet.»
[2] J. May, a. a. O. I, 417.

Die neue Stiftskirche in Halle a/S.

Domine, dilexi decorum domus tuae.
(Card. Albrecht.)

In Halle gegen Westen, wo die Saale die Mauern der Stadt
bespült,

Ragt aus mächtigen Steinen gefügt, ein Heiliger Tempel;
Albrecht, der edle Fürst, baute das herrliche Werk!
Dir, Mauritius, ist es geweiht, und jener Maria,
Die des erstandenen Herrn Züge vor Andern geschaut!

Also gedenkt Georgius Sabinus[1] am Anfange seines Gedichtes der am 28. Juni 1520 vom Cardinal Albrecht in eigener
Person gegründeten, der Heiligen Maria Magdalena und Moritz
geweihten neuen Stiftskirche.[2] Nicht als übertriebene Verherr-

---

[1] Poemata G. Sabini, Lips. 1578, Hodoeporicon itin. ital. V, 114 ff. vergl.
für die deutsche Uebersetzung des für uns in Betracht kommenden Gedichtes:
J. Merkel, «Die Miniaturen und Manuscripte der k. bayr. Hofbibl. zu Aschaffenburg», Th. Pergay 1836, pg. 2 ff.

[2] Dreyhaupt I, 847. — Ob es sich um einen Neubau oder nur um einen
Umbau einer bereits vorhanden gewesenen Kirche handelt, ist nicht bekannt,
vergl. W. Lübke, «Geschichte der Renaissance in Deutschland». Stuttgart, Ebner
und Seubert 1882, Bd. II, 355, ferner Schönemark in seinen Bau- und Kunst-
denkmäler. Es steht fest, dass die Weihe 1523 statt fand; die noch vorhandene Inschrift lautet : Deo . opt . max . Divoq . mauricio ac Magdalenae
tutel ARib . Albertus . cuius . haec . signa . dignitate . genusq . declarant .
hanc . aedem . ipse . dedicavit . an . Christi . MDXXIII . IX . KAL . septemi.
An der Ausschmückung der Kirche wurde lange gearbeitet ; so heisst es an
einem Thürgebälk : 1525 Domum tuam decet sanctitudo D. N. E.» Die Kanzel
stammt aus dem Jahre 1526. — Ferner sei bemerkt, dass als dritter Schutzpatron der Kriche der heil. Erasmus galt. Das Kloster U. L. Frauen in Halle
schenkte den Leib dieses Heiligen, welcher in einem kostbaren Sarg aufbewahrt
wurde (H.D. Gg. VI, Zt. 6ten). Der heil. Erasmus tritt uns bereits auf dem Titelblatt
des H.H. 1520 in der Gesellschaft von der heil. Maria Magdalena und Moritz,
als Schutzpatron der Kirche entgegen. — Später wohl trat die h. Ursula in die

lichung oder phantasievolle Verschönerung darf jener Theil des Gedichtes aufgefasst werden, welcher auf die neue Stiftskirche und ihre Gegenstände Bezug nimmt, im Gegentheil haben wir eine getreue und zutreffende Schilderung vor uns. Den deutlichen Beweis dafür finden wir in den uns erhaltenen Registern [1] der Gegenstände, aus ihren Zeilen lesen wir die Bestätigung unserer Aussage heraus. So erfahren wir aus dem Bamberger Breviarium,[2] wie viele Teppiche und an welchen Tagen dieselben aufgehängt waren und wieder herabgenommen wurden;[3] wir er-

---

Reihe der Schutzpatrone, was wir aus dem Bamberger Breviar ersehen: «Dedicationes Ecclesie. Prepulsatio maior. Die zwölff Plenaria vnd die vier Brustbilder der Patronen» und ebenda an einer anderen Stelle «Festum Patronorum: Die silbern brustbilde S. Mauritij. S. Marie Magdalene. S. Erasmi. S. Vrsule.»

[1] I. «Das Halle'sche Heiligthumsbuch von 1520.»
II. «Inuentariu vber die Kelche, Ornat, Antependia vnnd andere Cleynot szo in der Sacristei der loblichen Stifftkirchenn alhier tzu Halle enthaltenn vnnd gebraucht werdenn. Gemacht In XVc vnnd XXVte Jhare Dinstags nach Michaele.» (K. Kreisachiv Würzburg.)
III. «1526 Register aller cleynoth dess Hochwürdge Heiligthumbs der loblichen Stifftskirche zew Halle die seynt getheilt in IX Genge.» (K. Kreisarchiv Würzburg.)
IV.) «BReviarius gloriose et prestantissime ecclesie Collegiate Sanctos Mauritij et Marie Magdalene: Hallis: ad Sudariu: domini: 1 . 5 . 3 . 2» (Bibl. Bamberg); theilweise mitgetheilt von P. Wolters: «Neue Mittheilungen aus dem Gebiete historisch antiquarischer Forschungen. Im Namen des mit der k. Universität Halle-Wittenberg verbundenen Thüringisch-Sächsischen Vereins» etc. Halle. In Com. bei E. Anton 1882. Bd. XV, p. 97 ff.
V. «Inuentarium was von guldenn vnd silbern kleinoten Tapezerey Ornaten Reliquien sambt darzcu geordenthen andern sachen durch den hochwirdigsten durchleuchtigsten hochgebornen fursten vnd hern hern Albrechten der heiligen Romischen kirchen priester Cardinalen vnd gebornen legaten zcu mentz vnd mageburk Ertzbischoffenn Churfürsten primaten etc. Administratoren zcu Halberstadt marggraffen zcu brandenburgk etc. vnsernn gnedigsten hern in dem dhumstyfft zcu mentz Mittwoch nach letare jme XVc XXXX jare gegeben vnd disponiret.» Herausgegeben von H. Bösch in den Mittheilungen aus dem germanischen Nationalmuseum Bd. II. Jahrgänge 1887—1889, pg. 123 ff.

[2] Die wenigen Rankenverzierungen und das Wappen des Cardinals, sind von einem ganz unbedeutenden Illuministen, welcher sich GS zeichnete.

[3] «Der alte Hans in der Silber Kammer vnd fedder Balthasar mit sampt den Custern sollen die Teppicht hengen, abnehmen, reynigen, zcusammenlegen Vnd yn yre trugen legen, Dattzu der alt Hanss alleyne die slussel bey sich

fahren, dass an hohen Festtagen der ganze Chor, der Lettner in- und auswendig, ferner der „Gange vor vnsers gnedigste Herre Hausse" mit Teppichen bedeckt war und dass „Acht stucke Teppiche zwischen den Pfeylern an dem gange vff beiden seitten" ausgespannt wurden. Die meisten Teppiche enthielten alt- und neutestamentliche Darstellungen, aber es gab auch solche mit Heiligendarstellungen, und hier interessirt uns besonders „Das tuch mit des Keysers Controfact in der gestalt sancti Eustachij". Wir können uns von der Wirkung der Teppiche durch die treue Schilderung des Dichters leicht eine Vorstellung machen:

Ringsum wallet herab von den Wänden der Teppiche Zierde,
   Welche des belgischen Volks künstliche Nadel gestickt;
Fäden von strahlendem Gold durchziehen das reiche Gewebe,
   Die feinbildende Hand hell in die Fläche gewirkt.

Nicht minder reich war auch der Bilderschmuck der Kirche, das Inventarium der Kelche etc. giebt uns reichlichen Aufschluss darüber; und da unseres Wissens dasselbe noch nicht veröffentlicht ist, so sei hier gestattet, denjenigen Theil, welcher sich auf den Bilderschmuck bezieht, im Anhange anzuführen. [1] Man be-

---

haben vnd behalten sall. Darfür auch rede vnd antwort gebenn» (vergl. P. Wolters, a. a. O., p. 37). Wir werden unwillkürlich an den ehrwürdigen alten Mann hinter dem h. Erasmus auf Grünewalds Gemälde: «der heil. Mauritius» etc. in der Münch. all. Pinac. Catal. 1886, Nr. 281, erinnert.

[1] Wir möchten darauf hinweisen, dass gewiss nicht alle vorhanden gewesenen Bilder der Kirche im «Inventariu der Kelche» etc. aufgezeichnet worden sind; das sehen wir deutlich aus den auf pg. 55 durchstrichenen Worten: «Uff dem Altare Im Cleynen Chor Eyne gemahlte taffell» und «2 gegossene Leuchter». Mit diesen Worten endigt das nicht zu Ende geführte Inventarium. Auch vermissen wir in dem Inventarium die von Sabinus erwähnten Bildnisse Karls V. und Cardinal Albrechts, ferner die Bergpredigt; den am Kreuze hängenden Christus. Dagegen dürfen wir wohl die Worte des Dichters:

Wie er am Ende der Welt einst naht als mächtiger Richter,
   Wägend Verdienst und Schuld, göttlich bestrafet und lohnt

ohne Zweifel mit dem Gemälde: «Eine hubsche gemalte taffel mitt dem Jungsten gerichte» identificiren. Auch vermissen wir im Inventarium jenes Gemälde, welches der Dichter folgenderweise besingt:

Casta repraesentat tabulis pictura, luerunt
   Quam grave supplicium turba professa fidem;

gnügte sich nicht damit, die Altäre allein mit Bildern zu schmücken; auch an den Pfeilern und Wänden waren solche angebracht :

> Mit den Gemälden, die hier voll Anmuth prangen, verglichen,
> Schwindet der Göttin Gestalt, welche Apelles erschuf;
> Doch kein sinnebethörendes Werk ist hier zu erblicken,
> Venus, der lockenden, sind heilige Orte versagt —
> Wie von Qualen zerfleischt, starkmüthig die Gläubigen litten,
> Zeigt dem ergriffnen Gemüth rührend das reine Gebild —
> Wie uns der Jungfrau Sohn, dem Himmel und Erde gehorchen,
> Heilig in Leben und That lehrte des Vaters Gebot,
> Wie sein heiliges Blut hinströmt am Stamme des Kreuzes,
> Welches von Sünde und Tod löset der Menschen Geschlecht,
> Wie er am Ende der Welt einst naht als mächtiger Richter,
> Wägend Verdienst und Schuld, göttlich bestrafet und lohnt. —

Dieses erwähnte „Inventariu vber die Kelche" etc. fesselt aber auch nach einer anderen Seite hin unsere Aufmerksamkeit. Es zählt, wie der genaue Titel angibt, die in der Sacristei aufbewahrten Gegenstände auf (einige aus dem „Heiligthume" inbegriffen), deren Zahl 600 bei weitem übertraf; da finden wir, um nur Einiges anzuführen : eine Reihe von Silber- und Goldgeräthen, eine ungeheure Zahl von Ornaten,[1] von denen viele in „meyns gn^ste

---

H. Janitschek in seiner Geschichte der deutschen Malerei (Berlin, Grote 1885, pg. 397), sieht darin das Martyrium der elftausend Jungfrauen.

Bei dieser Gelegenheit sei auch angeführt, dass auf dem in der Aschaffenb. Gallerie befindlichen, dem Altorfer zugewiesenen Bild : «Die Marter des h. Erasmus» (Catalog 1883. Nr. 291) die Jahreszahl 1516. ferner das Wappen Cardinal Albrechts, über welchem der Cardinalshut schwebt, sich befindet. Da aber Albrecht erst 1518 Cardinal wurde, so ergibt sich ein scheinbarer Widerspruch. Bei genauerer Untersuchung stellte sich heraus, dass Jahreszahl und Wappen gleichzeitig sind und dass der Cardinalshut erst eine spätere Zufügung ist.

[1] «Welche kolossale Summen allein für die von Albrecht eingeführten Uniformirung und Kleidung verwendet wurden, zeigt eine Rechnung der Welser von Augsburg, die sich nach Albrechts Tode unter den Forderungen findet» : «'Summa Summarum 1500 duggaten vnd zehen vendj gulden'» und nochmals : «'Summa hundert vnd achtzig gulden Venet in guld u. S. kreutzer'» — für gekaufte «'Seyden und wullin gewand'». (Vergl. F. Niedermayer im Archiv des hist. Vereins von Unterfranken und Aschaffenburg. Bd. XXVII, p. 201 ff.) Es ist nicht anzunehmen, dass diese Schuld einzig und allein auf die für die neue Stiftskirche angeschafften Gewänder zurückzuführen ist.

Hern Hoffarben" oder in „Ertzbischof Albrechts vnd Ernesti Hoffarben" waren; die Zahl der Antependien übertraf 100; wir hören von nicht weniger als 32 rothen, braunen und weissen Fahnen aus Damast und Seide; es wird uns von 35 „guldener vnd seydener tucher (die oben erwähnten Teppiche) szo vmb den Hoen altar Inwendig vnd auswendig an dem letner In der Kirchenn pflegen zew Hangen An der hohen festenn" gemeldet; dann sehen wir Atlaskissen, auf welche bei hohen Festen auf dem hohen Altar die 12 Plenarien gesetzt wurden; „das rot gulden kussen vff meyns g^le Hern Stuell"; die vielen Kronleuchter und zum Gottesdienst gehörenden Bücher; auch 3 Traghimmel [1] werden uns erwähnt u. s. w. Und wie getreu schildert uns Sabinus einen Traghimmel!

Sehet, der Fürst naht selber in feierlichem Zug; es erklinget
   Heller Trompete Getön, schallender Pauke vereint!
Langsam ziehen die Reih'n andächtiger Priester zum Dome,
   Und dichtstehendes Volk bildet die Strasze dem Zug;
Albert schreitet, bedeckt von dem kostbar strahlenden Himmel,
   Hohes Geleit umgiebt dienend den fürstlichen Herrn;
Wappen der Markgrafschaft, uralten Regentengeschlechtes,
   Sind in des Baldachins Rand künstlich mit Perlen gestickt;
Drohender Adler Gestalt und furchteinflössende Leuen,
   Greife, von Indien her stammendes Zwittergebild —
Ritter in festlicher Tracht und des Hofstaats reiches Gefolge
   Schliessen, in buntem Gewühl wandelnd, dem Zuge sich an.

Die Schilderung stimmt vollständig mit dem uns erhaltenen Blatt des Nicolaus Glockendon [2] überein.

---

[1] i Roth Sammet guld. Hymmel mitt Ertzbischof Albrechts Wapen
   i Braun Sammet guld. Hymmel Ernesty (des Erzbischof Ernsts)
   i Schwarz Sammet guld. Hymel Ernesty (»   »   »)
Wie es scheint, sind diese drei Traghimmel 1540 nach Mainz übergeführt worden (vergl. Inv. v. 1540 a. a. O., pg. 149, wo es heisst: «Drey gulden himel»).

[2] Ein Blatt aus dem Nicol. Glockendon'schen Missale (H. Bibl. Aschaff.) enthält eine sorfältige und gut componirte Darstellung, wie der Cardinal, umgeben von seinem Hofstaate, das Sanctissimum durch die Strassen trägt. Wir sehen ihn unter dem Traghimmel, auf welchem die Brustbilder der heil. Maria Magdalena und Moritz, ferner die Wappen der Erzbisthümer Mainz und Magde-

Doch der Hauptschatz der Kirche bestand weder in den Gegenständen der Sacristei, noch in dem Teppich- und Bilderschmuck, sondern in dem „Heiligthum".

Dort, wo mitten im Tempel empor zur ätherischen Wölbung,
    Rastlos wechselnder Chor sendet den frommen Gesang,
Hemmet die eiserne Schranke den Schwarm andränglichen Volkes,
    Und reichschimmernde Pracht glänzt dem erstaunten Blick,
Röthliche Flammen umglühn zahllos die erhabnen Altäre,
    Wie von der Sterne Gewühl der Himmel erglüht.
Was aus Minen zu Tag Pannonien fördert an Silber,
    Was von Gold ihm gewährt nimmerversiechender Schacht,
Was in der Wellen des Tagus wälzt und der reiche Paktolus,
    Scheinet, den einzigen Ort herrlich zu schmücken, vereint. —
Endlos reihen sich goldne Gefässe an goldne Gefässe,
    Kelche, zum frommen Gebrauch heiligen Diensten geweiht,
Nicht so zahlreich leuchten die Tage im kreisenden Jahre,
    Als die Gewänder, die hier starren von edlem Metall.

Ueber dieses „Heiligthum" sind wir vorzüglich unterrichtet. Wir besitzen nicht nur das „Halle'sche Heiligthumsbuch von 1520",

---

burg, das des Bisthums Halberstadt, der Markgrafschaft Brandenburg, des Hauses Hohenzollern, angebracht sind. — Wegen Traghimmel vergl. die Abhandlung von Bösch a. a. O., pg. 125, worin unter anderm der Traghimmel, welcher zur Procession gebraucht wurde, Erwähnung findet.

Die reiche Thätigkeit Nicolaus Glockendons für Albrecht ist allbekannt, jedoch finden wir nirgends eine Erwähnung von jenem herrlichen Gebetbuch Albrechts, welches Nicolaus Glockendon für ihn illuminirte; dasselbe befindet sich in der Bibliotheca Estense zu Modena und ist gewiss des Meisters feinstes und reichstes Werk. Verfasser wird nächstens Bericht darüber erstatten. — An dieser Stelle möchte Verfasser noch auf eine seltene, nur in 50 Exemplaren gedruckte Abhandlung hinweisen: «The hours of Albert of Brandenburg». Some Account of a Manuscript Book of Hours formely in the possession of Albert of Brandenburg, Elector of Mainz, Cardinal etc. executed by the artists of the Grimai Breviary 1514—23 compiled by F. S. Ellis a. with a notice of the miniature painters a. illuminators of Bruges 1437—1523 by W. H. James Weale etc. London, Ellis a. White 29 New Bond Street. W. Herr F. S. Ellis theilt mir Folgendes über dieses kostbare, leider für uns unzugängliche Werk mit: «I purchased it from E. Joseph formely of Bond Street London. He bought the book from a antiquarian dealer in Milan. I sold the book to Mr. J. G. Ashor of New York for £ 2100 (42000 Mk.). To the best of my remembrance my description of the book was printed in 1883.»

sondern auch jenen Miniaturcodex, unter dem irrigen Namen der „Mainzer Domschatz"[1] bekannt, ferner ein Verzeichniss der Heiligthümer aus dem Jahre 1526 (Anm. 8. IV) und das Inventarium von 1540 (Anm. 8. V). Doch sehen wir zunächst zu, wie das „Heiligthum" zusammengekommen ist: Der Vorgänger[2] Cardinal Albrechts hatte bereits auf seiner Residenz, der Moritzburg zu Halle a. S., einen bedeutenden Schatz zusammengebracht, Albrecht hatte ihn beträchtlich vermehrt,[3] indem er 1514 im Erzstift Mainz etliche 100 Stück Heiligthümer nebst 3 ganzen Körpern sammelte und sie ins Kloster zum Neuen-Werck, von da nach der Kapelle auf seiner Moritzburg überführen liess. Als er nun die Kapelle, um sie in ein Collegiatstift zu verwandeln, für zu klein erachtete, gründete er, nachdem er die seinem Vorgänger ertheilte päpstliche Genehmigung sich hatte erneuern lassen, die oben genannte neue Stiftskirche, zog das Kloster St. Moritz[4] ein und liess den Kirchenschatz am Marcustage, den 25. April 1520, in feierlicher Procession nach der Moritzburg überführen. Besonders werden da zwei Gegenstände hervorgehoben, „ein schweres Saluatorbild und des heiligen Moritz bildniss",[5] welch letzteres Sabinus also erwähnt:

---

[1] Die uncorrecte Bezeichnung «Mainzer Domschatz», kann nur dadurch entstanden sein, dass der noch damals zum Theil vorhandene Kirchenschatz der Stiftskirche im Jahre 1540 in Folge der eingetretenen Reformation von Halle nach dem Mainzer Dome übergeführt wurde. Der sog. «Mainzer Domschatz» ist nicht etwa, wie man glauben könnte, das Register des Schatzes des Mainzer Domes, im Gegentheil: er bildet das illustrirte Verzeichniss mit genauer Textangabe der Heiligthümer der Stiftskirche zu Halle, und zwar, wie weiter unten auseinander zu setzen ist, das Verzeichniss des im Jahre 1526 bestehenden Kirchenschatzes der neuen Stiftskirche. Die irrige Bezeichnung «Mainzer Domschatz» stammt unseres Wissens von Jos. Merkel (Die Miniaturen und Manuscripte der k. bayer. Hofbibl. Aschaffenburg, Pergay 1836) her; beseitigen wir sie wieder und setzen an ihre Stelle die correcte Bezeichnung «Der Halle'sche Domschatz». — Diese Bezeichnung sei gestattet, denn die neue Stiftskirche galt als Mutterkirche in Halle.

[2] Dreyhaupt, a. a. O. I, 848.

[3] Dreyhaupt, a. a. O. I, 189.

[4] Dreyhaupt, a. a. O. I. 848.

[5] Dieses S. Moritzbild können wir mit H. D. Gg. VII, Zl. 3ten identificiren.

Doch vor sämmtlichen ragt ein silbergetriebenes Bildwerk,
Panzergeschmeide „bedeckt schützend die Rittergestalt;
Held Mauritius ist es; im Bild auch zeiget die Krafft sich,
Seine Gebeine bewahrt sorglich der innere Raum. —

Im Spätherbst desselben Jahres erhielt der Cardinal von Leo X.
als hohe Auszeichnung für seine erprobte und unermüdliche Anhänglichkeit zu dem alten Glauben und gleichzeitig zum Zeichen
der Aufforderung, die im Wachsen begriffene neue Lehre energisch
zu unterdrücken, die goldene Rose.[1] Im Jahre 1523 am 3. July
schenkte das Kloster Hillersleben[2] den Kopf der heil. Barbara
„nebst einem Kästlein Heiligthum". Im Jahre 1526 ist der Schatz,
gemäss den vorhandenen Registern, auf 353 Gegenstände angewachsen.[3] 1527 wurden bei Gelegenheit der Abtretung des
Servitenklosters[4] in Halle a. S. an den Cardinal, die Reliquien
und Kostbarkeiten in die neue Stiftskirche übergeführt. „Als nachmals der Convent des Closters zum Neuen Werck 1528[5] dasselbe
mit allen Gütern und Einkommen dem Cardinal übergab, wurden
auch die daselbst befindlichen vielen Reliquien und Kostbarkeiten
in das neue Stift gebracht, desjenigen zu geschweigen, so aus der
abgebrochenen Maria und Ulrichskircken[6] und vielen Capellen
genommen ward." Am 5. August 1530 schenkte der Vetter
Cardinal Albrechts, der Markgraf Georg zu Onoltzbach,[7] eine
silberne Tafel mit Reliquien und „unter gewissen Bedingungen
2 goldene Creutze mit Edelgesteinen besetzt", am 28. Sept. 1531
das Magdeburger Domkapitel[8] „eine silberne vergult Monstrantz
mit dem Wunderblut und zwei darzugehörige Leuchter" und in

---

1 May, a. a. O. Bd. I, Beilage XXXVI u. Anm. zu H. D. Gg. I, Zi. 11en.

2 Dreyhaupt, a. a. O. I, pg. 205 Nr. 271.

3 Vergl. Anmkg. 8. III und Halle'scher Domschatz.

4 Dreyhaupt, a. a. O. I, 848.

5 Dreyhaupt, a. a. O. I, 848.

6 Dreyhaupt, a. a. O. I, 848. — Wegen Silberbild des heil. Ulrich vergl.
H. Wolters, a. a. O. Anm. 36. Dreyhaupt a. a. O. I, 870. (Siehe Anmerkung
zu H. D. Gg. VII Z. 17ten.)

7 Dreyhaupt, a. a. O. I, pg. 923 Nr. 283.

8 Dreyhaupt, a. a. O. I, pg. 924 Nr. 284.

demselben Jahre das Kloster Berge[1] „einen silbernen Sarg mit den Cörpern S. S. Fidantii, Terentii und Felicis". Ausserdem wird uns eine „vbergulte neue Taffel" im Bamberger Breviarium[2] genannt, sowie „die neue grosse Monstrantz von Lorkh". Diesen Gegenständen reiht sich eine fernere Anzahl von Schenkungen an, theils von kirchlichen, theils von weltlichen Fürstlichkeiten; besonders zeichnete Kaiser Maximilian den Cardinal aus, so schenkte er ihm als Ausdruck besonderer Freude bei der Gelegenheit der Annahme des Cardinalats das auf dem Reichstage zu Augsburg 1518 vom Papst erhaltene geweihte Schwert[3] und einen kostbaren Hut. Unter weiteren Geschenken des Kaisers befindet sich ein St. Martinsbild,[4] ferner ein grosser Salvator,[5] welchen Maximilian wohl zum Andenken an seine zu früh verstorbene Gemahlin Bianca Maria Sforza gab. Die Stiftskirche wurde auch mit einem „Crucifix mit Maria und Sanct Johannes bilder vnd stolbergischem Wappen",[6] ferner von der Stadt Halle[7] u. s. w. beschenkt. Endlich hören wir, wie der damalige Bischof von Trier die Reliquien aus dem hohen Altar der St. Mathiaskirche vor Trier an den Cardinal schenkte.[8]

Dieses Heiligthum, welches durch unermüdliches Sammeln colossale Dimensionen angenommen hatte (jedenfals war es bis 1532 im Zuwachs begriffen), wie es innerhalb der Grenzen des deutschen Reiches kein zweites gab, sollte gegen Abgabe einer festgesetzten Summe, welche je nach dem Stande des Ablasssuchers berechnet war, Ablass gewähren; für solche, die nicht

---

[1] Dreyhaupt, a. a. O. I, pg. 925 Nr. 283.

[2] «Octua Epephanie dni. Ztu der hohen Messe alleyn Die silber vbergulte taffel mitt denn, geschmeltzten erhaben dreien königen yn der Mitte» (P. Wolters a. a. O., pg. 20); ebenda auf pg. 33: «Martini Episcopi: Plenaria vt supra Epiphanie domini Vnd sein silbern vbergult bilde. Die Newe grosz Monstrantze von Lorkh» etc.

[3] H. II. 1520. 3 Rs.

[4] H. D. Gg. VIII. Zt. 10ten.

[5] H. D. Gg. III. Zt. 2ten.

[6] P. Wolters a. a. O., pg. 30

[7] H. D. Gg. II, Zt. 11ten.

[8] H. D. Gg. I. Zt. 6ten.

im Stande waren ihren Seelenzustand durch Geldesabgabe zu ver-
bessern, war die Regel aufgestellt: „ihren Betrag durch Gebet
und Fasten" zu ersetzen, denn: „das Himmelreich solle den
Reichen nicht mehr, als den Armen offen sein." Die Einleitung
zum Halle'schen Heiligthumsbuche von 1520 gibt uns Aufschluss,
dass am Sonntage nach dem Feste der Geburt der Maria die
„einfuhrunge des merglichen hochwürdigste heiligthumbs" und am
folgenden Tage darauf die „zceigunge desselbtigen hochwirdigen
heiligthumbs stuckweise" stattfand. Diese Schilderung findet ihre
Ergänzung durch das Bamberger Breviarum, [1] indem ausdrücklich
bemerkt wird, dass am Sonntage nach dem Feste der Geburt
der Maria nach dem Frühstück ein geeigneter Ort zugerüstet
werden soll mit Teppichen, Kerzen und Lämpchen „circa Eccle-
siam nostram", und sofort um die zehnte Stunde soll drei Mal
ein Läuten mit der grossen Glocke in dem gehörigen Zwischen-
raum stattfinden. Zugleich soll die Predigt an das Volk am
festlich geschmückten Orte über Anbetung der Reliquien und der
Heiligen stattfinden, worauf die allgemeine Beichte folgen soll.
„Deinde ostensio, de qua vide in libro Ostensionis Reliquiarum."
Ausserdem erfahren wir an gleicher Stelle, in welcher Weise die
Heiligthümer, welche in neun Gängen eingetheilt waren, gezeigt
wurden, was beim Anfang und Ende eines jeden Ganges gesungen wurde; und zum Schluss heisst es: „Ostensione finita,
Predicator faciet orare populum pro vniversali ecclesia: pro Im-
perio, pro Diocesi Mageburgensi et pro Ecclesia nostra, pro ciui-
tate, pro fructibus terre. Et publicentur indulgentie etc. Quo
finito sequetur Responsorium: Ite in orbem. Et fiet solemnis
compulsatio cum omnibus Campanis. Et sic deinceps vnosquisque
redibit ad propria."

[1] a. a. O., p. 38—40.

Der Halle'sche Domschatz.

Der Halle'sche Domschatz, zu welchem wir nun übergehen, bildet einen Pergamentcodex in gr. Folio, [1] und wenn man so sagen darf, den grossen illustrirten Catalog der Behälter der Reliquien der neuen Stiftskirche, mit genauer Inhaltsangabe der einzelnen Partikeln der in diesen Behältern enthaltenen Reliquien — er legt uns deutlichen Beweis von dem ungeheuren Reichthum und von der Pracht des einst vorhandenen und vom Dichter so richtig gewürdigten Kirchenschatzes ab.

---

[1] Es finden sich 56 Lagen, wovon Lage I und LVI je drei Bogen oder sechs Blätter, Lage XI zwei Bogen und die übrigen Lagen je vier Bogen enthalten.

Am Schlusse eines jeden Ganges befindet sich eine Anzahl leerer Blätter, zwischen diesen Spuren von ausgeschnittenen Blättern ; die Rückseite des letzten leeren Blattes enthält jeweilen die erste Abbildung des nächsten Ganges und zwar findet sich :

die 1te Abbildung des IIten Ganges auf der letzten Rückseite der XIten Lage

»	»	IIIten	»	»	»	XIXten	»
»	»	IVten	»	»	»	XXIIIten	»
»	»	Vten	»	»	»	XXVIten	»
»	»	VIIten	»	»	»	XLten	»
»	»	VIIIten	»	»	»	XLIVten	»
»	»	IXten	»	»	»	LIVten	»

und früher fand sich die erste Abbildung des VIten Ganges auf der ersten Rückseite der XXXten Lage (fehlt jetzt).

Alle Blätter (429) sind auf der Stirnseite rechts oben von älterer Zeit her vor den Ausschnitten einzelner Blätter (siehe weiter unten) mit Tinte numerirt; die leeren nach den einzelnen Gängen; doch fehlen die Blätter 70, 80, 81 (in den leeren Blättern nach dem ersten Gange); 123 (wo ich keine Spur von einem Ausschnitte fand); 145. 146. 147, 148 (in der l. Bl. nach dem 2ten Gange); 168. 171, 172 (nach dem 3ten Gange); 190, 191, 192, 193 (nach dem 4ten Gange); 198 (Paulus); 222, 224, 225 (nach dem 5ten Gange); 227, 236, 262, 277; 301 (nach dem 6ten Gange); 339, 355, 378, 379 kommen je zwei mal vor; 392, 406, 407 (nach dem 8ten Gange). — Diese letzte Notiz verdanke ich, nachdem ich die meinige verloren habe, dem Herrn Prof. Englert in Aschaffenburg.

Das 429te Blatt ist zum Deckel geklebt.

Es braucht nicht noch besonders erwähnt zu werden, dass die obengenannten leeren Blätter dazu bestimmt waren, dem Schatze neu zukommende Reliquiarien in Miniatur sammt Text aufzunehmen.

Die Form dieser Reliquienbehälter ist eine mannigfache : [1] Stand- und Anhängekreuze, Altaria portatilia, Kuppel-, Kopf- und ciborienförmige Reliquiarien, vier-, sechs- und achteckige Cassetten, Hermen, Plenarien, Ostensorien, Patenen, Pyxen, ciborienförmige Gefässe, Emailcassetten, Schwerter, Särge u. s. w. Sie bestanden in den meisten Fällen aus Silber und waren vergoldet, doch gab es auch Gegenstände aus Gold ; meistens waren sie mit Edelsteinen und Perlen besetzt. Niedermayer [2] hat eine Anzahl von Namen deutscher und italienischer Gold- und Silberschmiede ausfindig gemacht, jedoch können wir nicht controliren, ob die Arbeiten dieser Künstler gerade für Halle ausgeführt wurden. Ausser diesen Silber- und Goldgegenständen gab es auch solche aus Elfenbein, Alabaster u. s. w., häufig waren die grossen Särge, welche ganze Leiber von Heiligen bargen, aus vergoldetem oder versilbertem Holz gefertigt, so z. B. der einzige noch vorhandene Gegenstand des Heiligthums : der Margarethasarg [3] in der Stiftskirche zu Aschaffenburg. Noch sei hier jener in kleiner Zahl vorhanden gewesenen Gegenstände gedacht, die, obgleich sie heilige Reliquien enthielten, deutlich weltlichen Charakter trugen. [4] Die Zeit der Entstehung der Gegenstände reicht vom 10. Jahrhundert bis in die 1520 er Jahre hinein, doch stehen im Vordergrunde die Gegenstände, welche aus der 2. Hälfte des 15. und dem Anfang des 16. Jahrhunderts stammen ; in letzterer Periode tritt das deutsche Kunstgewerbe auf seinem Höhepunkt uns entgegen.

---

1 Im Halle'schen Domschatz werden die üblichen Bezeichnungen für die verschiedenen Reliquiarien nicht gebraucht, man begnügte sich damit Ausdrücke, wie z. B. : Kestleyn, ledleyn, ronde Buchse, cleynott, eyn Berlenmutter in Silber, Kopff (für ciborienförmiges Reliquiar) etc. zu gebrauchen.

2 F. Niedermayer im Archiv des hist. Vereins von Unterfranken und Aschaffenburg Bd. XXVI. pg. 341.

3 Abgebildet im Halle'schen Heiligthumsbuch vom Jahre 1520, theilweise publicirt von Hirth in der Liebhaber-Bibliothek alter Illustratoren in Facsimile-Reproduction. München, G. Hirth, 1889. Bändchen XIII. pg. 64 — vergl. unsere Anmerkung zum Halle'schen Domschatz. Gg VIII Zt 3ten.

4 Eine Probe finden wir bei v. Hefner-Alteneck : Trachten, Kunstwerke und Geräthschaften etc. Frankfurt a./M., H. Keller. 1886. Bd. VII. Taf. 484.

Dieses Heiligthum, welches in neun Gänge eingetheilt war, enthielt 353 Reliquienbehälter [1] mit heiligen Partikeln. Von diesen Reliquienbehältern sind nur 350 [2] in Miniatur wiedergegeben worden, indem man sich begnügte, von den drei [3] übrigen Gegenständen nur den Text anzuführen. In seinem Originaleinband aus der ersten Hälfte des 16. Jahrhunderts, ist der Halle'sche Domschatz glücklich den vielen Gefahren der Feinde entgangen; nur hat eine unbefugte Hand neun Miniaturen herausgeschnitten. C. Becker [4] constatirte das Fehlen von nur zweien, gewiss hat er den Text mit den Abbildungen nicht verglichen, sonst wären dieser und andere Irrthümer [5] bei ihm nicht vorgekommen. Somit sind

---

[1] Und zwar der Ite Gang 73 Reliquiarien, der IIte 57, der IIIte 16, der IVte 12, der Vte 23, der VIte 64, der VIIte 37, der VIIIte 52, der neunte oder letzte Gang 19 Reliquiarien. — Ueber den Inhalt der Reliquiarien der einzelnen Gänge siehe die Einleitung zum Verzeichnis: „Der Halle'sche Domschatz".

[2] Proben in der Publication von J. Schmitt, Lithograph in Aschaffenburg, ebenda 1846; er wollte die Reproduction auf eine Auswahl von 110 Blättern beschränken; wegen geringen Absatzes sind nur 16 Miniaturen reproducirt worden: Nämlich die Abbildungen zu Gg I Zt 26ten, Gg II Zt 11ten, Gg II Zt 9ten, Gg VII Zt 11ten, Gg I Zt 12ten, Gg II Zt 25ten, Gg I Zt 43ten, Gg VI 61ten, Gg II Zt 29ten, Gg VI Zt 50ten, Gg V Zt 17ten, Gg V Zt 12ten, Gg VIII Zt 34ten, Gg VI Zt 55ten, Gg V Zt 21ten.
Genauere Proben giebt v. Hefner-Alteneck a. a. O. Bd VII, Taf. 484 und 485. — Conturproben im Programm der Landwirthschafts- und Gewerbeschule in Aschaffenburg 1838. — Ch. Louandre. „Les arts somp." Paris 1858. II. 212 und d. dazu gehörige Tafel.

[3] Halle'scher Domschatz Gg II Zt 54, 55, 56ten. (Abbildung 122) vergl. das vergleichende Register.

[4] In Naumann's Archiv für zeichnende Künste. Leipzig 1857. Bd III pg 1 ff.

[5] Wie wir aus Anmerkung 37 wissen, befindet sich nach den Miniaturen eines jeden Ganges (mit der Ausnahme des IXten Ganges, siehe Anm. 37) eine Anzahl leerer Blätter, so auch nach den Miniaturen des Vten Ganges. Nur findet sich auf der Rückseite des letzten leeren Blattes nach den Miniaturen des Vten Ganges, die Abbildung 174, welche Becker als letzte Miniatur des Vten Ganges auffasst. Dies beweist, dass Becker den Halle'schen Domschatz nur ganz flüchtig sich ansah und den Text zu den Miniaturen nicht gelesen hat. Abbildung 174 bildet vielmehr die 1te Miniatur des VIten Ganges, Becker hat dies nicht erkannt; es ist ihm nicht aufgefallen, dass das folgende Blatt, welches auf der Stirnseite den Text zu dieser Miniatur (174) enthielt, ausgeschnitten ist. (Wie

341 Miniaturen uns erhalten geblieben, wovon auf Blatt 71 und 121 je 2 fallen. Durch das Herausschneiden dieser Blätter sind zwei Uebelstände erwachsen. Diese lernen wir kennen, wenn wir uns zu der Betrachtung wenden: Wie ist der Text zu den Miniaturen angebracht? Der gewöhnliche Fall ist der, dass die Abbildung die Rückseite des Blattes einnimmt, und auf der Stirnseite des folgenden Blattes befindet sich der dazu passende Text. Wenn wir aber nach der Ursache fragen, warum die Abbildung gewöhnlich die Rückseite des Blattes einnimmt, so hat das seinen einfachen Grund 1. darin, dass die drei ersten Seiten des Codex die Einleitung enthalten, 2. darin, dass der Text in den meisten Fällen auf einer Seite gegeben werden konnte. Wird nun ein Blatt herausgeschnitten, so ergibt sich von selber, dass ein doppelter Schaden entstehen muss; denn auf der Stirnseite des ausgeschnittenen Blattes findet sich der Text zu der Miniatur der Rückseite des vorhergehenden Blattes — und auf der Rückseite die Miniatur zu dem Texte der Stirnseite des folgenden Blattes. Sehen wir zu, in welcher Weise wir den erhaltenen Schaden ersetzen können. Bei der Reconstruction der neun fehlenden Texte kommt vor allem das bis jetzt vollkommen unbeachtete Register der Heiligthümer aus dem Jahre 1526 (Ann. 8. III) uns zu gute. Dasselbe stimmt mit dem Texte des Halle'schen Domschatzes Stück für Stück vollkommen überein, die Anordnung und die Anzahl der Gegenstände (353) ist ganz dieselbe, der einzige Unterschied ist der, dass der hagiologische Theil fehlt. Ein Vergleich dieser zwei Texte ergibt uns den fehlenden Text zu den neun Miniaturen, welcher also lautet:

1) Gg. I. Zt. 66ten : „Eyn rondt hultzern ausgeschnitten Kestleyn mitt vbergulten silber beschlagen."

2) Gg. II. Zt. 40ten : „Eyn guldenn Taffell mit Steynen vnd Berlen vnd dem Stamm Jhesse."

---

der reconstruirte Text zu 174 lautet, siehe unten.) Es kommt überhaupt nie vor, dass in den einzelnen Gängen zwischen den einzelnen Miniaturen leere Blätter sich finden — die leeren Blätter finden sich nur am Schlusse eines jeden Ganges. (Gg IX macht eine Ausnahme.)

2

3) Gg. V. Zt. andern : „Eyn Silbernn viereckicht vergult Monstrantz."

4) Gg. VI. Zt. ersten : „Eynen grossen schonen silbern vnd vergulten Sarch, der stehet offen hoen altar zur der linken seytten desz Bildes der Barmhertzigkeit."

5) Gg. VI. Zt. 10 ten : „Eyn vergulter Sarch mitt glase durchsichtig."

6) Gg. VI. Zt. 29 ten : „Eyn gross Silbernn cleynot wye eyn knopff mitt vill Augen, vff der decken Sanct Pancrucius Brustbilde."

7) Gg. VII. Zt. 34 ten : „Eyn Silbernn Cleynot mitt dreyen buchsen vill vbergulten Patronen vnd eyn hoen durchbrochenen fusslen."

8) Gg. VIII. Zt. 5 ten : „Eyn Silbern brustbilde Sancte Marthe, getzieret mitt eyner Vergulten Cronen."

9) Gg. VIII. Zt. 43 ten : „Das mittlere Silbern kestleyn sub- tiler Arbeit."

Grössere Schwierigkeiten aber bietet es uns, eine Vorstellung von den Miniaturen, deren Texte nur noch vorhanden sind, zu gewinnen, und da ist der Erfolg unserer Bemühungen auch keineswegs ein vollständiger. Um uns eine Idee von diesen ver- lorenen Miniaturen zu verschaffen, wurde ihr Text mit dem des Halle'schen Heiligthumsbuches von 1520 verglichen, und da ergab sich, dass drei von den Texten der fehlenden Miniaturen (Gg. V. Zt. 3 ten ; Gg. VII. Zt. 35 ten ; Gg. VIII. Zt. 45 ten) mit drei Texten des Halle'schen Heiligthumsbuches von 1520 (Gg. V. Zt. 2 ten ; Gg. VII. Zt. 9 ten ; Gg. VIII. Zt. 26 ten) indentificirt werden konnten, dagegen können über die übrigen sechs Miniaturen keine näheren Angaben gemacht werden, da sich im Halle'schen Heiligthumsbuche entsprechende Paralleltexte nicht fanden. Bis zu welchem Grade der Genauigkeit die drei Holzschnitte die Gegen- stände wiedergeben, ist freilich nicht mehr zu entscheiden, doch können wir uns wenigstens ein ungefähres Bild von drei ver- lorenen Miniaturen machen.

Die oben geschilderte Regel, dass der Text zu einer Miniatur gewöhnlich nur eine Seite einnimmt, ist in solchen Fällen einer

Ausnahme unterworfen, wo der Text in Folge von einem reich-
haltigen hagiologischen Inhalt auf einer Seite nicht Platz hat,
sondern zwei, drei oder mehr Seiten bedeckt.[1] Diese interessante
Thatsache ergibt aber die Folgerung, dass Miniatur und Text des
Halle'schen Domschatzes nothwendiger Weise miteinander entstehen mussten, dass also die Maler und der Textschreiber (der
ganze Text ist von einer und derselben Hand geschrieben)[2]
gleichzeitig und gemeinschaftlich gearbeitet haben.

Der Halle'sche Domschatz enthielt, wie wir oben sahen,
ursprünglich 350 Miniaturen, und da das Halle'sche Heiligthumsbuch von 1520 nur 237 Holzschnitte enthält, so folgerten F. Niedermayer und R. Muther[3] ohne Grund mit Bestimmtheit, — was
früher nur für wahrscheinlich[4] galt, — dass das Miniaturwerk als
Vorlage für das Holzschnittwerk gedient habe; Muther nimmt
also an, dass nur „ein Theil der Reliquien" in Holzschnitt ausgeführt wurde.

Diese Annahme findet in folgenden Beweisen ihre Wider-
legung:

Erstens kann der Halle'sche Domschatz im Jahre 1520
nicht vollendet gewesen sein: Beweis dafür ist der vom Kloster
Hillersleben am 3. Juli 1523 an die neue Stiftskirche geschenkte
Kopf der heil. Barbara (vergl. Dreyhaupt, a. a. O., I. 205),
welcher im Halle'schen Domschatz im Gg. VIII, Zt. 21te abgebildet ist und ein deutliches Zeugniss davon ablegt, dass der Schatz
im Jahre 1520 keine 353 Gegenstände enthalten konnte.

Zweitens hat die Textvergleichung zwischen Miniatur- und

---

[1] Bei folgenden Abbildungen nimmt der Text mehrere Seiten ein: Gg I
Zt 3ten 2 Seiten, Gg I Zt 6ten, 19ten. 27ten, jeweilen 2 Seiten; Gg VI Zt 13ten
15ten, 16ten, 26ten, je 3 Seiten. eben in demselben Gange Zt 19ten und 21ten.
jeweilen 2 Seiten und eben in demselben Gange Zt 14ten, sogar 5 Seiten; Gg VIII
Zt 8ten 3 Seiten.

[2] Gg VI Zt 39ten ist der Text herausgestrichen und von anderer Hand
ersetzt. in Gg VII Zt 20ten ist noch eine andere Hand zu erkennen, ebenfalls
Gg VI Zt 47ten.

[3] In der Vorbemerkung zum oben erwähnten Hallischen Heiligthumsbuch
(vergl. Anm. 39). — F. Niedermayer Kunstchronik XVII No. 9, pg 131.

[4] S. F. Waagen: Kunstwerke und Künstler im Erzgebirge und Franken.
Leipzig 1843. — Waagen folgt hier der Ansicht J. Merkels a. a. O. pg 11.

Holzschnittwerk das Resultat ergeben, dass der Halle'sche Domschatz nicht als Vorlage für das HH. von 1520 hat dienen können.
Der Weg, welcher zur Erbringung dieses Beweises eingeschlagen
wurde, ist ein ebenso sicherer, als auch langer. Zunächst wurden
die Holzschnitte mit den Miniaturen identificirt, dies war bei 197
möglich, also sind die 40 übrigen Holzschnitte n i c h t identificirbar und stellen Gegenstände dar, die im Halle'schen Domschatz weder abgebildet noch verzeichnet sind.[1] Bei
dem Textvergleich stellte sich heraus, dass bei drei Gegenständen
des Halle'schen Domschatzes (Gg. I, Zt. 1te; Gg. II. Zt. 32te u.
33te) der Donator Leo X. war. Der erste Gegenstand ist nun
auch im Halle'schen Heiligthumsbuche (Gg. I, Zt. 1te) abgebildet —
die beiden anderen dagegen nicht.

Vergleichen wir die Texte miteinander:

Halle'sches Heiligthumsbuch:

Erstlich wird hie gezeiget ein
ganz guldene Rose die Babst
Leo der tzehend vnserm gnedigsten Herrn dem Cardinal zu
bsunder Ere dieser löbliche Stiffts-
kirchen gegebē vn geschickt
hat.

Halle'scher Domschatz:

Zum Ersten wirdt ewer liebe
vnd andacht getzeiget, eyne
Rosze gemacht vonn golde,
Byesen Balsam vnnd edeln gesteynenn dye hat gesegnet vnnd
gebenedeyet gutseliger gedechtnus der allerheyligste in
got vater vnnd Herr, vnnser Herr,
Leo ausz göttlicher vorsichtig-
keit, der zehende Babst desz

---

1 Am ehesten würden wir für die Reproduction dieser 40 Reliquiarien
in dem Holzschnittwerke den Grund darin zu suchen haben, dass die Zeichnungen zu den Holzschnitten zu der Zeit verfertigt wurden, als sämmtliche Reliquiarien noch auf der Moritzburg aufbewahrt wurden. Die 40 Gegenstände,
welche n u r in Holzschnitt reproducirt wurden, können wir am sichersten als
P r i v a t e i g e n t h u m des Cardinals betrachten, welche allerdings im Halle'schen
Heiligthumsbuche von 1520 mit abgebildet wurden, weil die Gegenstände sich
noch auf der Moritzburg befanden, aber nach der Ueberführung der Reliquiarien
von der Moritzburg nach der neuen Stiftskirche nicht in den grossen illustrirten
Catalog Aufnahme fanden, weil sie nicht Eigenthum der Kirche
w a r e n.

nahmens, zew mittfastenn vnnd
dormitt begebet, vnnserm gne-
digstenn Herrn dem Cardinal zew
eyner besundern ehre Dyeszer
Stifftkirchen der Heyligen Sankt
Moritz, Vnnd Maria Magdalenen,
alhyer zu Halle. Neyget ewer
Hertz vnnd Heupt vnnd ent-
pfahlt dormitt dye Benedeyunge.

Die beiden anderen Gegenstände kommen im Halle'schen
Heiligthumsbuche nicht vor. Ihr Text lautet im Halle'schen Domschatz:

Gg. II. Zt. 32ten: Das grossere weisz Alabasternn Mon-
stranzlen Cum Spina, Dor Innen
ist Eyn gantzer Dorn von der
Cronen Christi, welchem Bebstliche Heyligkeit s e l i g e r ge-
d e c h t n u s Leo X. Vnszernn
gnedigsten Hern Zew besondern
gnaden Zew ehren der loblichen
Stifftskirche mitt sampt andernn
trefflichenn Heiligthumb hierher
geschickt.
Gg. II. Zt. 33ten. Das Cleynere
Weysz Alabastern Monstrenzlen,
Der Inne ist vom Hare vnnszers
selig machers Jhesu Christi,
Welchs vorgenannte Bebstliche
Heyligkeit auch Hyeher geschickt.

Wir lesen in diesen drei Texten den deutlichen Beweis für
unsere zweite Behauptung. Cardinal Albrecht erhält am 25. Oktober
1520 die goldene Rose, und ihre Abbildung wird rasch im
Halle'schen Heiligthumsbuche von 1520 sammt Text veröffentlicht;
es wird ausdrücklich darin bemerkt, sie sei ein Geschenk Leo X.
Aber dieselbe goldene Rose findet sich auch in dem Halle'schen
Domschatze abgebildet, nur lautet der Text dazu anders: d e r

Donator wird nämlich als verstorben angeführt —
Leo X. starb am 1. Dezember 1521.[1]

Mithin müssen wir die bis jetzt allgemein gehegte Ansicht,
dass das Miniaturwerk als Vorlage für das Halle'sche Heiligthumsbuch von 1520 gedient hat, aufgeben indem wir dabei von der
oben bewiesenen Thatsache ausgehen, dass Miniatur und Text
gleichzeitig entstanden sind — wir haben also eine vollständige
Unabhängigkeit in Bezug auf die Entstehung beider Werke constatirt. Wir müssen also mit Bestimmtheit annehmen, dass der
Halle'sche Domschatz nicht vor Ende Dezember 1521 begonnen
wurde; ferner sehen wir, dass er im Juli 1523 nicht abgeschlossen
war, da der vom Kloster Hillersleben am 3. Juli geschenkte
Barbarakopf als 21ster Gegenstand des VIIIten Ganges abgebildet
wird. Für die Datirung der Entstehung muss ferner das oben
erwähnte Würzburger Verzeichniss aus dem Jahre 1526 (Anm. 8. III)
berücksichtigt werden. Dasselbe stimmt genau Stück für Stück in
Bezug auf Anordnung und Zahl der Gegenstände (353), wie bereits oben erwähnt, mit dem Halle'schen Domschatz vollkommen
überein, nur fehlt beim ersteren der hagiologische Theil. Wir
haben also den Beweis, dass die Miniaturen uns den Bestand des
Schatzes der Stiftskirche im Jahre 1526 vor Augen führen : Wir
bezeichnen somit den Halle'schen Domschatz als das „Illustrirte
Register der Heiligthümer der Stiftskirche im
Jahre 1526." Gerne möchten wir glauben, dass es um diese
Zeit abgeschlossen war, weil wir doch wissen, dass der Schatz
in den nächsten Jahren noch bis 1532, wie wir constatirt haben,
in Zunahme begriffen war; und wäre der Halle'sche Domschatz
später als 1526 vollendet worden, so wären doch gewiss die dem
Schatze neu zugekommenen Gegenstände auch abgebildet worden.
So lange also archivalische Forschungen uns kein neues Material
bringen, gehen wir, glaube ich, nicht sehr fehl, wenn wir annehmen, dass derselbe 1526 vollendet war. Es erscheint allerdings
merkwürdig, dass wir zwei Register aus einem und demselben
Jahre besitzen sollen, aber das Würzburger Register von 1526
(Anm. 8. III) ist unseres Erachtens wegen der vollständigen Weg-

[1] Leben und Regierung des Papstes Leo X von W. Roscoe. Deutsch von
K. F. G. Glaser, Leipzig 1808, bei S. L. Crusius part III. pg 455.

lassung des hagiologischen Inhalts nur als ein Register aufzufassen, welches durch die Revision des Schatzes, vielleicht vor oder wahrscheinlich unmittelbar nach dem Vorzeigen des Schatzes entstanden ist. Es steht also fest, dass der Halle'sche Domschatz keine Gegenstände aus späterer Zeit als 1526 enthält und gewiss ist die Annahme Becker's, dass der Halle'sche Domschatz in Halle begonnen und in Mainz vollendet wurde, eine unrichtige, dagegen spricht schon der Umstand, dass die seit 1526 zum Schatze zugekommenen Gegenstände nicht abgebildet wurden, ebenfalls die Thatsache, welche Becker allerdings unbekannt war, dass laut Register von 1540 (Anm. 8. V) nur ein kleiner Theil des Schatzes der Halle'schen Stiftskirche nach Mainz übergeführt wurde, weil der grössere Theil bereits verkauft war; es sind nur 72 von jenen 353 in dem Würzburger Register von 1526 und im Halle'schen Domschatze abgebildeten Reliquiarien nach Mainz übergeführt worden.

Gestützt auf die eben erwähnten Resultate, ist der Vergleich zwischen Miniatur und Holzschnitt ein unnöthiger geworden. Da wir aber denselben ausgeführt haben, sollen hier einige deutliche Beispiele angeführt werden, welche unsere Annahme, dass Miniatur- und Holzschnittwerk völlig unabhängig von einander entstanden sind, bestätigen:

Beispiel I. Wir sehen, dass im Halle'schen Domschatz zu den Texten Gg. II. Zt. 53, 54, 55, 56ten nur eine[1] Abbildung gemacht worden ist. Der Grund liegt — bei der sonstigen peinlichen Genauigkeit in der Wiedergabe der Gegenstände — offenbar darin, dass alle vier Kreuze ganz gleich aussahen. Im Halle'schen Heiligthumsbuche (Gg. II. Zt. 27ten (32 Sts.), Zt. 28ten (32 Rs.), Zt. 29ten (33 Sts.), Zt. 30ten (33 Rs.) sind aber alle vier Kreuze abgebildet,[2] und zwar sind sie als Stehkreuze charakterisirt, wo-

---

[1] Der Text zu den vier Reliquiarien lautet: „Vyer Creutze vonn Berlenmutter geschnitten, Inn Silber gefast vnnd vbergult Dorinn seynd VIII Partickel vom heyligen Creutze".

[2] Der Text zu diesen 4 Kreuzen lautet:
Gg II Zt 27ten: Eyn Creutz võ perlenmutter yn silber gefasst vñ vbergult /
    Dor Inne sein zwey stuck vom heiligen creutz. Summa
    II partickel.

gegen das Kreuz des Halle'schen Domschatzes ein Vortragekreuz vorstellt; ferner sind bei einem jeden Kreuze die in Perlmutter eingravirten Darstellungen verschieden, und da durfte die Phantasie des Künstlers frei walten; auch ist der Fuss bei einem jeden andersartig; dass es trotzdem dieselben Kreuze sind, beweist die Identität in Text und Partikelzahl und die Gleichheit der Wappen.

Beispiel II. Gegenstand Gg. VI. Zt. 6ten des Halle'schen Domschatzes konnte nur durch Textvergleich identificirt werden, weil eine so grosse Abweichung zwischen Miniatur und Holzschnitt (Gg. VI. Zt. 4ten., 58 Sts.) vorhanden ist. Der Gegenstand stellt den „sarch mit kostlichen perlen vnd vil edler steynen gestickt, Dor Inne der Côrper des heiligen bischoffs vnd merterers Erasmi/ der Mitpatron dieser löbliche Stifftkirchenn", dar (Hirth, pg. 35). In der Miniatur sehen wir einen prächtigen mit Perlen und Edelsteinen gezierten sechseckigen Sarg (wobei vier Seiten schmal und zwei Seiten lang sind) mit einem sehr hohen Deckel. Die Mitte der sichtbaren Langseite des Sarges nimmt die stehende Gestalt des syrischen Bischofs Erasmus ein, in der Rechten die Winde mit seinen Eingeweiden, in der Linken den Bischofsstab haltend. Der ausgebreitete Mantel, unter welchem auf jeder Seite acht Heilige knieen, wird von Engeln gehalten. Auf der Schmalseite sehen wir den heil. Augustinus mit Krummstab und durchbohrtem Herz — auf der anderen Schmalseite den Evangelisten Johannes und eine Heilige — auf dem hohen Deckel eine zierliche Darstellung Georgs als Drachentödter — als kleinere Darstellungen auf der Langseite: Die heil. Veronica mit dem Schweisstuch und Christus am Kreuze mit Maria und Johannes. Ueberdies ruht der Sarg auf rothem Sammetboden, die Füsse des Sarges sind rund. Wie ganz anders der Holzschnitt! Da ruht der Sarg

---

Gg II Zt 28ten: Eyn ander Creutz von perlinmutter / yn silber Gefasst / vn vbergult / Dor Inne sein ij Stuck vom heilige Creutz. Summa II partickel.

Gg II Zt 29ten: noch ein Creutz von berlinmutter / yn silber gefasst vnnd vbergult / Dor Inne sein auch II Stuck vom heyligen creutz. Summa II partickel.

Gg II Zt 30ten: aber ein Creutz von perlinmutter gefaszt vnd vbergult / Dor Inne sein abermals II partickel vom heiligen Creutz. Summa II partikel.

nicht auf einem Sammetboden, die Füsse sind nicht rund, sie bestehen aus phantastischen Löwen mit langer Mähne. Der Sarg selber ist nicht sechseckig, sondern viereckig. Die Hauptdarstellung, welche in der Miniatur durch die blassen Farben sehr fein wirkt, ist im Holzschnitt in die rohe Scene des Herausreissens der Eingeweide umgewandelt; die Scene spielt sich im Innern des Sarges ab. Auf dem unvollendeten flachkuppelförmigen Deckel findet sich keine Darstellung.

Beispiel III. Die Art und Weise, wie die vier folgenden Gegenstände des Halle'schen Domschatzes im Halle'schen Heiligthumsbuche wiedergegeben sind, ist sehr charakteristisch. Sie sind im Halle'schen Heiligthumsbuche Gg. VIII. Zt. 20 ten, 33 ten, 25 ten und 34 ten verzeichnet und auf pg. 103 St., 108 St., 105 St. und 109 St. abgebildet. Die Texte in beiden Werken stimmen ganz überein. Sämmtliche vier Cristallgläser des Halle'schen Domschatzes [1] haben die ganz gleiche Form; es sind ungemein feine venezianische Flügelgläser mit drei Henkeln an jeder Seite und einem Deckel (Gegenstand Gg. VIII. Zt. 50 ten hat auf jeder Seite nur zwei Henkel). Vergleichen wir nun die Miniaturen mit den Holzschnitten, so ergibt sich, dass nicht die geringste Aehnlichkeit vorhanden ist. Der Künstler hat vier von einander gänzlich verschiedene Gläser dargestellt, kann also weder die Miniaturen, noch die Originale copirt haben. Der erste Gegenstand hat die Form eines Pokals mit hohem Fuss, rundem Nodus, und das eigentliche Glas ist breit und bauchig. Der zweite ist zu einem plumpen Gefäss mit zwei Henkeln und grossem Knopf auf dem Deckel geworden. Der dritte zeigt ähnliche Form wie der erste, nur hat der Bauch zwei Rankenornamente erhalten, dagegen sind die Henkel weggefallen; endlich der vierte ist nach dem Schema des zweiten gearbeitet.

Diese wenigen Beispiele mögen genügen. Aber es wäre unrichtig, wenn wir glauben würden, dass alle Holzschnitte so stark,

---

[1] Gg VIII Zt 47ten: Eyn Cristallenn glasz mitt rother Seyden. . . . .
. . . 48ten: Eyn ander Cristallenn glasz mitt gruner Seydenn. . . . .
. . . 49ten: Eyn cristallenn glasz mit Brawner Seyden. . . . .
. . . 50ten: Eyn ander glasz von Crystallenn mit Gehler Seydenn. . . . .

wie die ebengenannten, von den Miniaturen abwichen. Es gibt
auch viele Abbildungen von Gegenständen, besonders sind es die
der Apostelfiguren, welche sich in beiden Werken wenig unterscheiden, das hat aber seinen Grund darin, dass der Zeichner des
Halle'schen Heiligthumsbuches an einzelnen Gestalten, wir meinen
besonders die der Apostel, eine besondere Freude fand und uns
seine volle Kraft zeigte, mächtige, würdige Gestalten im Geiste
Dürer's zu schaffen; aber im Allgemeinen müssen wir in den
Holzschnitten doch eine unbeschränkte Freiheit der Wiedergabe
der Gegenstände constatiren, es galt nicht mit peinlicher Genauigkeit die Originale zu copiren, sondern dem Volke die Gegenstände in Holzschnitt vor Augen zu führen und es zum Ablass
einzuladen. Besonders zeigt sich die unbeschränkte Freiheit der
Wiedergabe in jenen drei Holzschnitten (HH. 1520, Gg. VI. Zt.
53ten, 81 Sts.; Gg. VIII. Zt. 9ten, 111 Sts.; Gg. VII. Zt. 8ten,
112 Sts.), welche, obgleich sie drei verschiedene Särge darstellen
— man sich damit begnügte, sie durch einen einzigen Holzschnitt
wiederzugeben.

Die künstlerische Ausstattung. [1]

Was die künstlerische Ausstattung des Halle'schen Domschatzes anbelangt, so müssen wir stets im Auge halten, dass
die Künstler an das Material, d. h. an die Reliquiarien, welche
ihnen vorgelegt wurden, gebunden waren. Ihre Arbeit war nur
eine mechanische. Es handelte sich einzig und allein darum, die
Gegenstände mit möglichster Treue wiederzugeben, desshalb
müssen wir mit Bestimmtheit voraussetzen, dass ihre Wiedergabe
bis in die einzelne Theile hinein mit grösster Wahrheitsliebe und
peinlichster Genauigkeit ausgeführt wurde. Diese Annahme ist
eine berechtigte. Während die Holzschnitte des Halle'schen
Heiligthumsbuches von 1520 nur den Zweck erfüllen sollten, dem

---

[1] Die in diesem Abschnitte citirten Zahlen beziehen sich auf die zweite
Columne der 1ten Abtheilung des vergleichenden Registers I.

Volke einen allgemeinen Begriff von den Reliquiarien zu geben, so ist beim Halle'schen Domschatze das ins Auge zu fassen, dass die Gegenstände sämmtlich genau und getreu abgebildet werden mussten; sollte es doch ein genau illustrirter Catalog des Schatzes mit Angabe der Reliquienpartikeln eines jeden Reliquiariums sein. Und in der That, — dank der strengen Genauigkeit, besitzen wir in dem Halle'schen Domschatz eines der wichtigsten Documente für die Kleinkunst. [1] — Wenn wir zu der eigent-

---

[1] Von besonderem Interesse ist die Abbildung zu Gg III Zt 8ten. Es findet sich darauf das Monogramm (zwischen L und K ein Krug mit Blumen) des bei Neudörfer (Quellenschriften X. 125) rühmlichst erwähnten Nürnberger Goldschmiedes L u d w i g K r u g. Dasselbe ist sehr blass aber immerhin deutlich genug, um es zu erkennen. Von dem Gegenstand findet sich eine Conturzeichnung in dem bereits oben erwähnten J. H. v. Hefner'schen Programm (Hefner deutet das Monogramm auf Lucas Krug, was falsch ist) der Landwirthschafts- und Gewerbeschule zu Aschaffenburg für das Schuljahr 1837-38. Von Ludwig Krug ist unseres Wissens kein einziges Goldschmiedewerk erhalten (Kupferstiche bezeichnet er bereits 1514 vergl. Bartsch VII 535). Es ist daher von um so grösserem Interesse wenigstens eine getreue Abbildung von einem solchen zu besitzen. Da die archivalischen Forschungen von Niedermayer (Archiv des hist. Vereins für Unterfranken und Aschaffenburg Bd XXVIII 201 ff.) weder den Namen Jamnitzer, noch den des Ludwig Krug zu Tage gefördert haben, weist er die Vermuthung May's, C. Becker's (a. a. O.) zurück, dass diese beiden Goldschmiede die meisten Arbeiten zu dem Schatze Albrechts ausführten. Ihm folgt ein mit E bezeichneter Referent in einer Notiz „Goldschmiede im Dienst des Kardinals Albrecht von Mainz". (Kunstgewerbeblatt von H. Pabst 1885. pg 55 s). Durch die Auffindung des obengenannten Monogramms ist der deutliche Gegenbeweis dafür gebracht, dass sich in dem Schatze des Cardinals ein Werk des Ludwig Krug befand. Was die Datirung dieses Gegenstandes anbelangt, so ist er dem Stil nach um 1520 anzusetzen. Von Ludwig Krug ist bekannt (Neudörfer a. a. O.), was uns hier interessirt, dass er am 10. Mai 1522 das Meisterrecht erwarb. Da unser Gegenstand nun auch im Würzburger Register von 1526 erwähnt wird, so ist seine Entstehungszeit mit ziemlicher Sicherheit zwischen 10. M a i 1 5 2 2 u n d 1 5 2 6 anzusetzen; und wenn diese letztere Annahme eine berechtigte ist, so haben wir darin einen weiteren Beleg für die Datirung der Entstehung des Halle'schen Domschatzes. Herr Prof. Marc Rosenberg hatte die Liebenswürdigkeit mir Folgendes mitzutheilen: „Die Bezeichnung auf dem bei Hefner abgebildeten Stücke ist kein Goldschmiedestempel im eigentlichen Sinne der Zunft, sondern eine Meisterzeichnung im Sinne des Künstlers. Bei dem gut organisirten Nürnberger Gewerbe wird er wohl vor seinem Eintritt in die Zunft auf eine Goldschmiedearbeit seinen Namen nicht haben setzen dürfen — er habe denn das Stück nicht in Nürnberg, sondern im Hause des Bestellers gemacht".

lichen Ausführung übergehen, so bemerken wir, dass alle Gegenstände mit der Feder gezeichnet und diese Conturzeichnungen mit einer Art von Deckfarben ausgefüllt sind. Im ganzen müssen wir sagen, dass eigentlich zwei Farben vorherrschen : gelb für Gold, hellblau für Silber. Und bei all den Gold- und Silbergegenständen dürfen wir die Oxydation nicht ausser acht lassen, sie macht sich bei der Wiedergabe der Gegenstände geltend. Gold- oder versilberte Goldgegenstände, welche wenig oxydirt sind, werden heller gegeben, da kommt bei der Reproduction von Gold eine hellgelbe Farbe zur Geltung ; dagegen solche, welche stärker oxydirt, sind in etwas dunklerem Gelb dargestellt, der Schatten ist bei beiden von einem röthlichbraunen Ton. Oft ist diese gelbe Farbe dermassen dick aufgetragen (z. B. 124, 290), dass die Federzeichnung kaum oder nur wenig sichtbar ist. An solchen Stellen, wo es galt Gravirungen, Ranken u. s. w. (z. B. 192) besonders stark zu markiren, was sowohl bei Gold- als auch bei Silbergegenständen der Fall ist und wo sich ein ziemlich dicker Farbenauftrag vorfindet, wurde noch nachträglich mit der Feder gezeichnet. Dieser dicke Farbenauftrag kommt aber nur selten bei Silbergegenständen vor. Bei Silbergegenständen (meistens sind es die vielen Figuren und Brustbilder von Heiligen) wird in der Regel die ganze Gestalt oder Halbfigur oder Herme in himmelblauer Farbe gegeben, der Schatten ist ebenfalls durchwegs in blauer Farbe, aber dunklerer Nuance. Was die Incarnation bei weiblichen Gestalten anbelangt, so ist sie eine zarte und blasse, oft ins gräulich-blaue gehende (275), doch kommen auch etwas röthlich gefärbte Wangen vor (besonders fein geröthet bei 325), mit grösster Raffinirtheit ist ein Mal die Farbe des Weibchens gegeben, wo durch das dünne Hemd die Fleischpartien hindurch schimmern (302). Bei den männlichen Gestalten ist die Gesichtsfarbe je nach der Oxydation verschieden. Bei 154 erscheint sie uns ziemlich natürlich, bei 161 begegnet uns eine röthlich-braune. Oft sind Gesicht, Hände, Füsse fast ohne irgend welche rothe Farbe, so z. B. bei 168, wo sie uns blau erscheinen. Was die Lippen anbelangt, so haben sie in den meisten Fällen ein unangenehm unnatürliches Colorit ; dieses Roth erscheint auch an der Winde mit den Eingeweiden des heil. Erasmus, aber besonders unangenehm berührt es uns an dem Futter des Mantels des heil. Simon

(167). Dieses Roth ist tupfenweise, wie geschmiert, an der unteren Partie des Gesichtes angewandt (156) und erreicht den Höhepunkt der Unnatürlichkeit an den Lippen, welche mit Vorliebe schwulstig gebildet sind. Die Stirne bleibt blass. Bei solchen Figuren oder Brustbildern, wo die Gesichtsfarbe eine bräunlich-röthliche ist (161), sind die Lippen weniger geröthet, auch sind die Hände und Füsse auf die gleiche Weise wie das Gesicht gemalt. Eine stärkere röthlich-braune Farbe ist bei 223, 324 zu constatiren. Wo die Anbringung jener unangenehmen rothen Farbe auch auf die Füsse und Hände ausgedehnt wird, geschah es ebenfalls tupfenweise, doch mischen sich weiss und hellbraune Töne oft dazwischen. Die Gesichtsfarbe kann auch röthlich-violett sein (127), daran hat das grobkörnige Pergament wohl seinen Antheil. Wenn ein gläserner Bischofsstab und das daran hängende Sudarium dargestellt werden, so erscheinen sie uns wie die silbernen Gewänder und Gestalten hellblau und mit dunkelblauen Schatten. Die Gewänder der silbernen Gestalten sind mit Vorliebe mit gebrochenen Falten dargestellt, ebenfalls wird eine durchsichtige Glasscheibe oder Glas (so z. B. bei Särgen oder Gläsern der Monstranzen) hellblau gegeben. Elfenbein ist weiss mit schmutzigbrauner Farbe, die zwei Alabasternen Monstranzen (103 und 104) in Weiss mit Tusche reproducirt. Ausser diesen Farben kommen noch andere vor, besonders bunte bei den „taffeln", so z. B. roth, blau, gelb, weiss und schwarz, ebenda zwischen bunten Rosen und Nelken die Reliquien mit bunter Aufschrift Sehr häufig sieht man in den Reliquiarien die Reliquien, die schwarze oder rothe Inschrift tragen. Knochen sind dunkelbraun dargestellt (313), Strausseneier gelblich-braun mit kleinen Punkten, Glasgefässe grau mit Weiss schattirt, oft der Inhalt sehr deutlich sichtbar, so z. B. bei 315, wo wir im Bauche des Gefässes rothe Seide erblicken und den Eindruck erhalten, als ob das Glas roth wäre. Die Anwendung von Goldfarbe ist äusserst selten, sie kommt z. B. bei den rothen Aermeln der Magdalena (321) vor, welche mit Goldblumen gestickt sind. Die Edelsteine sind stark hervorgehoben, Perlen sind in weisser Farbe ausgeführt und möglichst dick aufgetragen, manchmal so stark, dass Figuren (178) oder Ornamentik zurücktreten.

Dass eine so grosse Aufgabe von einem einzigen Künstler

ausgeführt wurde, ist kaum anzunehmen; wir können deutlich
zwei verschiedene Hände erkennen. Verfasser möchte den grössten
Theil der Federzeichnungen einem und demselben Künstler zuweisen, und nur die geringere Anzahl von Gegenständen, wobe
die einfacheren besonders in Betracht kommen (wie die „taffeln"
und Särge, die mit Buchstaben versehen sind), als Gehülfenarbeit
ansehen; wo sich aber dieser Gehülfe auf einen complicirten,
schwer wiederzugebenden Gegenstand einlässt, wie z. B. bei der
grossen „Brandenburgischen taffell", zeigt sich, dass seine Arbeit
nur eine ganz handwerksmässige ist. Es ist ohne Zweifel die
grösste Zahl der Miniaturen dem Hauptkünstler zuzuweisen; seine
Fähigkeit aber überschreitet auch die Grenzen eines mittelmäs-
sigen Künstlers nicht. Wenn er auch mit aller Treue und Ge-
wissenhaftigkeit die Gegenstände copirte und auch besonderen
Werth darauf legte, den Zeitcharakter derselben wiederzugeben,
so erweist er sich doch als unbeholfen in der Pinselführung, er
bekundet keinen künstlerischen Sinn, er tritt uns etwas trocken
entgegen. Besonders fällt uns dies auf, wenn wir die Silber-
gestalten und Hermen betrachten. Da gibt er die Faltenlinien und
Furchen der Gesichter ungemein hart, er kann nicht eine Farbe
in die andere übergehen lassen, er erweist sich in der Abtönung
ganz ungeschickt, und aus diesem Grunde ist seine Incarnation
eine unschöne, ja sogar eine unnatürliche; er begnügte sich, die
natürliche Fleischfarbe in den meisten Fällen (die Ausnahmen
kennen wir bereits) in einem grossen Tupfen von jener unangenehmen rothen Farbe zu geben. Das gleiche gilt auch von den
Händen und Füssen. Niedermayer[1] ist der Ansicht, dass diese
Miniaturen von dem vielbesprochenen Pseudo-Grünewald, den er,
ohne irgend welchen zwingenden Grund, mit Simon von Aschaffenburg für identisch hält, herrühren. Die archivalischen Forschungen
von Niedermayer haben den Namen „Simon von Aschaffenburg"
zu Tage gefördert, und es ist begreiflich, dass man mit diesem
Namen, weil man keinen anderen und also den richtigen noch
nicht aufgefunden hat, alle Werke des Pseudo-Grünewald verbinden
möchte. Doch welches Recht hat Niedermayer, ihn mit dem

---

[1] Kunstchronik XVII. pg 131 und 336.

Pseudo-Grünewald zu identificiren? Kennen wir doch kein einziges
Werk dieses Meisters! Und wenn Niedermayer den Künstler des
Halle'schen Domschatzes mit Simon von Aschaffenburg und diesen
mit dem Pseudo-Grünewald identificiren will, so verkennt er die
Sachlage. Denn der gleiche Künstler, welcher den grössten Theil
der Miniaturen ausgeführt hat, kann mit dem Pseudo-Grünewald
nicht identisch sein. Aschaffenburg selber ist ein günstiger Ort,
um die Miniaturen des Halle'schen Domschatzes mit den Werken
des Pseudo-Grünewald zu vergleichen. Nehmen wir z. B. das
St. Valentinianbild des Pseudo-Grünewald in der Stiftskirche zu
Aschaffenburg und vergleichen wir es mit einer jener Miniaturen,
welche eine Silbergestalt darstellt. Hier sehen wir einen Künstler,
welcher eine so grossartige Gestalt im Sinne Grünewalds von
vollster Lebenswirklichkeit darstellen konnte, dabei eine Kraft der
Zeichnung, eine vollkommene Modellirung, eine meisterhafte Pinselführung aufweist, wenn er die Hände in jenen schillernden Farben-
tönen malt, aber coloristisch das Bunte vermeidet, indem er
öconomisch zu sein versteht. Wie anders der Hauptkünstler der
Miniaturen! Wenn auch jede Phantasie schwinden musste und der
Künstler sich an die Originale zu halten gebunden war, so fehlt
doch jede Frische in der Auffassung und Darstellung. Doch
müssen wir auch anerkennen, dass er nicht jene peinliche, mikros-
kopische Art und Weise befolgte, sondern breiter, als sonst
Miniaturmaler es pflegen, ausführte. Dies rührt jedenfalls daher,
dass er eine so grosse Zahl von Miniaturen zu machen hatte;
diesem letzteren Umstande ist daher die oft wiederkehrende Flüch-
tigkeit in der Ausführung zuzuweisen. Aber seine Unbeholfenheit
in der Pinselführung, der dicke Auftrag von Farbe, besonders bei
den Gold- oder versilberten Goldgegenständen, jene Unebenheit
und unzureichende Kraft in der Wiedergabe der Gesichter, das
Ungewandte in der Ausführung der Fleischfarbe sprechen gegen
die Annahme Niedermayers. Wenn man sich wiederholt mit den
Miniaturen beschäftigt hat und sie direkt mit den Bildern des
Pseudo-Grünewald in der Aschaffenburger Galerie und Stiftskirche
daselbst vergleicht, so kommt man mehr und mehr von der Ansicht ab, einen Durchschnittskünstler, wie dies der Anfertiger der
meisten Miniaturen ar, mit dem Pseudo-Grünewald für eine Person
zu erklären. Es ist vielleicht anzunehmen, dass die Künstler der

Nürnberger Richtung angehören. Es braucht nicht näher darauf
hingewiesen zu werden, dass Cardinal Albrecht Nürnberger Künstler
wiederholt mit Aufträgen bedachte, kennen wir doch die Thätigkeit von Männern wie Dürer, Vischer, Nicolaus Glockendon,
Sebald Beham, Ludwig Krug u. s. w. Die Aufgabe drängt sich
uns mehr und mehr auf, den Nürnberger Illuministen mit Eifer
nachzugehen.

Bemerkungen zum Nürnberger Register von 1540.

> Aber man kann ein Ding lange
> gebrauchen, aber nicht ewig.
> Shaekespeare.

Der alte Glauben war auch in Halle durch die sich verbrei-
tende neue Lehre verdrängt worden. Da sah sich Albrecht ge-
nöthigt, die neue Stiftskirche zu schliessen und ihren Schatz,
welcher im Laufe der letzten Jahren bedeutend abgenommen
hatte, sammt einigen Gegenständen aus der Sacristei nach dem
Mainzer Dom überführen zu lassen.[1] Von diesen besitzt das
Germanische Museum ein vom 10. März 1540 datirtes Register
(vergl. Anm. 8. V). Hans Bösch a. a. O. versuchte auf Grund
eines Vergleiches desselben mit dem Texte des Halle'schen Heiligthumsbuches von 1617[2] (welches mit dem von 1520 ganz genau
übereinstimmt) festzustellen, welche und wie viele Gegenstände
nach Mainz gebracht worden sind. Selbstverständlich kann diese

---

[1] Wegen Eingehen der neuen Stiftskirche vergl. Dreyhaupt a. a. O. I
851. — Ludewig soll 1715 diese Gegenstände gesehen baben!? (s. P. v. Ludewig
Gelehrte Anzeigen, Halle 1743 Part. I 460 ff.)

[2] Historischer Erzellung DER Beyden Heiligthumen / nemlich eines / So
in der Schlosskirche zu Wittenberg im Anfang der Reformation Herrn D. LUTHER /
vorhanden gewesen. Das Ander / So zu Hall in Sachsen nach der angefangenen
Reformation Herrn D. LUTHER / vollkommentlicher gemacht worden etc. Zum
Druck befördert / Durch WOLFGANG FRANZIUM, Der Heiligen Schrifft Doc-
toren Professoren und Praepositum zu Wittenberg. Zu befinden bei Paul
Hebrigen Anno 1618. (Das Halle'sche Heiligthumsbuch erschien 1617, das Wittenberger 1618.)

Untersuchung von Bösch, die übrigens in Folge von Fehlen jeder
Numerirung der einzelnen Gegenstände ganz unübersichtlich und desshalb äusserst schwierig zu benützen ist, keine vollständige sein ;
denn er verglich nicht den Text des Halle'schen Domschatzes,
sondern den des Halle'schen Heiligthumsbuches mit dem Register
von 1540, aber gerade jene Gegenstände, welche im Halle'schen
Domschatze verzeichnet sind, aber im Halle'schen Heiligthumsbuch
nicht vorkommen, konnte er zur Vergleichung nicht heranziehen.
Verfasser konnte desswegen eine Reihe der im Nürnberger Register aufgezählten Gegenstände noch mit Gegenständen des
Halle'schen Domschatzes identificiren (vgl. das vergleichende
Register). Ausserdem sind einige Gegenstände unrichtig identificirt worden. Es sei desshalb gestattet, auf dieselben hinzuweisen:

Pg. 131. Z. 30—32: „Eyn Silbern Sarch mit einer hohen
decken darin leit ein gantz unschuldigk kindlein, oben im dach
von lᶜXXXIX partickel. Summa 1 gantzer corper lᶜXXXIX
partickel." Dieser Gegenstand kann unmöglich mit Bösch mit
HH. Gg. VI. Z. 49ten identificirt werden, wo es heisst: „Eyn
Sarg darinne liegt ein gantzer vnvorwesener Côrper eines vnschuldigen Kindes, darinne auch oben im Dach ein Heupt eines
vnschuldigen Kindes, doran ein Wunde vnd Blut gemarckt wird.
Summa iij Partikel." Dieser Sarg ist mit Halle'scher
Domschatz Gg. VI. Z. 9ten zu identificiren.

Pg. 135. Z. 11—13: „Eyn Silbern vbergult heubt mit einer
Cronen sancte Barbare darin ist das gantz heubt Sancte Barbare."
Dieser Gegenstand kann mit HH. Gg. VIII. Z. 5ten unmöglich
identificirt werden, weil er im Halle'schen Heiligthumsbuch (wie
bereits oben gemeldet) überhaupt nicht vorkommen kann, da er
erst am 3. Juli 1523 an die neue Stiftskirche geschenkt wurde,
also im HH. 1520 noch nicht vorkommen kann. Ueberdies
lautet der Text zu HH. Gg. VIII. Z. 5ten anders: „Eyn Silbernn
S. Barbara Bild, darinne ist ein mercklich stuck von ihrem Heiligen Häupt. Von ihrem Kleide. Summa IX. Partickel." pg. 135
Z. 11—13 ist mit Halle'scher Domschatz Gg. VIII.
Z. 21ten zu identificiren.

Pg. 141. Z. 32 — pg. 142. Z. 3: „Eyn Silbern vergult
kleinoth mit 5 buchssen von silber vnd gold dorin ist oben in
der gantzen buchssen die oben stehet S. Catherinen Oel, vff der

3

rechten Seiten 7 partickel von irem corper, vff der lincken, honig, blut [Bl. 467 a] vnd milch, in den zweien vntersten korbelin von jrem grabe vnd vom berge sion 4 partickel, im fusz aber ist auch honigs 12 partickel viers bluts, vom schleier vnd kleider sanct agatha, 3 partickel von S. lucia, 2 partickel von S. Regina, ein schon partickel von S. agatha, 1 partickel von S. agnes, von S. Eureliana. von S. Jastena, von S. Emerenciana, 3 schoner partickel von S. Cecilia, 2 schoner partickel von S. Sabena 1 schon grosz partickel von S. perpetum, von S. Kungundt 3 partickel. Summa 47 partickel." Dieser Gegenstand kann mit HH. Gg. VIII. Z. 18ten nicht identificirt werden, denn der Text ist gänzlich abweichend, er lautet : „Eyn silbern Kleinodt, oben mit einem Creutz. Darinne ist das Oel aus dem Grabe der Heiligen Jungfrawen Catharinae geflossen. Summa 1 partickel." Die Identificirung ist ferner auch desshalb unrichtig, weil der Gegenstand mit Gg. VIII. Z. 20ten des Halle'schen Domschatzes identificirt werden konnte.

Pg. 146. Z. 32—36 : „Das grosse weisz alabastern Monstrenzlin cum Spina, dorin ist ein gantzer dorn von der Cronen Christi wellichen bebstliche heiligkeit seliger gedechnusz Leo X: vnserm gnedigsten hern ertzbischoff albrechten mit sampt anderen trefflichen heiligthum geschickt." Dazu bemerkt Bösch : „Nach dem Verzeichniss S. 23 Gg. II. Z. 22ten. (HH. 1617) wurde dieser heil. Dorn früher in einer silbernen Tafel aufbewahrt." Eine Behauptung, deren Beweis Bösch uns schuldig bleibt. Da Bösch die silberne Tafel mit dem Dorn im Register von 1540 nicht verzeichnet und unter den Heiligthümern eine Alabaster Monstranz einen Dorn enthaltend aufgezählt findet, so schliesst er ohne irgend welchen Grund, dass dieser Dorn einst in der silbernen Tafel aufbewahrt wurde! Die Alabaster-Monstranz findet sich im Halle'schen Heiligthumsbuche nicht verzeichnet (sie ist wohl eine Schenkung nach 1520), dagegen im Halle'schen Domschatz Gg. II. Z. 32te (Abbild 103). Vergleichen wir ihren Text (siehe oben) mit dem auf pg. 146 Z. 32—36 des Nürnberger Registers von 1540, so finden wir eine völlige Uebereinstimmung. Im Halle'schen Domschatze und dem Bamberger Breviarium finden sich noch verschiedene Gegenstände, die als Inhalt einen Dorn von der Dornenkrone aufweisen, und gewiss dürfen wir keine falsche Con-

jecturen machen. Es liegt kein Grund vor, dass dieser Dorn aus
der silbernen Tafel in die Alabaster-Monstranz versetzt wurde.
Er ist vielmehr mit der Monstranz (welche eine völlig italienische
Arbeit ist) von Leo X. an den Cardinal geschenkt worden, und
es liegt kein Grund vor anzunehmen, dass er aus ihr entfernt
wurde, um in die silberne Tafel eingesetzt zu werden und dann
wiederum nach wenigen Jahren (zwischen dem Tod des Papstes
und 1526) in die Alabaster-Monstranz zurückgesetzt zu werden,
wo er noch 1540 seinen Platz einnahm. Jedenfalls steht es fest,
dass N ü r n b e r g e r R e g i s t e r pg. 146 Z. 32—36 n u r m i t
H a l l e ' s c h e r D o m s c h a t z Gg. II. Z. 32te identificirt werden
kann.

Pg. 131. Z. 8—16: „Eyn silbern getribne taffel Ertzbischoffs
albrecht mit einem runden bogen vnd 2 silbern knopffen, dorin
seint 2 partickel vom heiligen Creutz, ein grosz partickel von dem
furhangk des tempels da in passione et morte xpi gerissen, Eyn
grosz partickel von dem weissen kleidt dorin Cristus vom Herode
vnd sein hoeffgesindt verspottet. Eyn grosz partickel des tysch-
tuches darauff der herr das heilige Sacrament an Grundornstags
consecriret, vom Tuch dorane der here den Jungern die
fusz gedrucknet 1 partickel. Summa 6 partickel." Bösch macht
die Anmerkung dazu: „Vgl. Verzeichniss S. 22 (Gg. II) Schluss
von — Zum Zwanzigten." Dieser Gegenstand ist ebenfalls unrichtig identificirt. Allerdings heisst es unter andern Partikeln auch:
„Vom weissen Kleid, in welchem der Herre von Herodes verspottet ist," aber sonst stimmt keine andere Partikel mit dem
Inhalte von pg. 131 Z. 8—16 überein: schliesslich kann sich,
wie dieses Beispiel deutlich zeigt, in einem anderen Gegenstande
auch ein Partikel vom weissen Kleide Christi finden. D e r G e-
g e n s t a n d i s t v i e l m e h r m i t H a l l e ' s c h e r D o m s c h a t z
Gg. II. Z. 17ten identificirbar, wo der Text also lautet: „Eyn
Silbern Taffel Erzbischof Albrechts mitt eyn ronden bogenn vnnd
3 silbernn knopfflen Dor Innen seyndt 2 partickel vom Heyligen
Creutz. Eyn grosz partickel vonn den fahrhange desz tempels.
Eyn grosz partickel von dem weyszen Cleyde Dor Innen Christus
verspottet. Eyn grosz partickel desz tischtuchs szoer In abent-
essen gebracht. Vonn dem Hanttuche darin er den Jungern dye
Fusse getrucknet. Summa 6 Partickel." Wir bemerken eine geringe

Textabweichung, dagegen stimmt die Zahl der Partikeln vollkommen überein.

Ein Vergleich des Nürnberger Registers von 1540 mit dem Texte des Halle'schen Domschatzes hat ergeben, dass im Ganzen 72 im Halle'schen Domschatze erwähnte Gegenstände von Halle nach dem Mainzer Dome übergeführt wurden. Anderseits weist das Nürnberger Register eine Reihe von Gegenständen auf, welche aus der Sacristei der neuen Stiftskirche in Halle stammen, ferner solche, deren Ursprung uns unbekannt ist. Dies letztere wird sich daraus erklären, dass die meisten Gegenstände des Halle'schen Schatzes mit der Ausnahme jener 72 verkauft werden mussten und späterhin in geringerer Zahl wieder ersetzt wurden.

Kurzer Text der im «Hallo'schen Domschatz» erwähnten Gegenstände mit Weglassung des hagiologischen Theiles.

Dieße zeigunge vnd Weyſunge deß allerhochwirdigſten Heyligthumbs iſt geteilet vnnd verordnet in Newn teile oder Genge.

Im erſtenn Gauge wirdt Ewer liebe vnnd andacht gezenget werdenn Heylligthumb der lieben Heyligen, welcher gebeyne durcheynander gemiſcht liegenn. Als merterern Zwölfbothenn vnnd andere liebenn Heyligenn deßgleichenn Heyligthumb welcher Schrift vnnd zedeln vorblichen vnd vor alter gantz vnleßlich wordenn seyndt. Auch Agnus Dey, Vnnd Heyligthumb vom heyligen Lande, Bund was Bebſtliche Heyligkeit Iherlich benedicirt, Vnnd Kenige vnnd Fürſten domitt verehret.

Im Andern Gange Heyligthumb von göttlichen Wunderwirkungen Jnn der alten Ehe, Vnd von Wirkunge vnnßers Herrn Jheſu Chriſti, Vnd vil ander Heyligthumb von den Waffen Chriſti Vnnd Stetten daran er gewandert hatt, Vnnd das allerhöchſte Vnnd thewerbarlichſte Heyligthumb seynenn Heyligenn waren Leichnam.

Im Dritten Gauge wirdt gezeigt Heyligthumb was angehett vnnd belangt Dye Hochlobte Keyſerin Dye Jungfruwenn Marien.

Im Vyrden Gange Heyligthumb der Heyligen Patriarchenn vnnd Prophetenn.

Im funften Gange Wirdt angezeigt Heyligthumb von den heyligen Euangeliſten. Zwolffboten vnnd mittrichternn Chriſti am Jüngſten tage.

Im sechſten Gange Heyligthumb von den Heyligenn merterern, dye vmb Chriſti willen yr blutt vergoſſen vnnd letzlich yr leben daromb verloren.

Im Sybende Gange Heyligthumb von der Heyligenn Beichtigernn Biſchewen vnd Bebſten.

Im Achtenn Gange wirdt Ewer Liebe vnnd Andach Heyligthumb gezeiget werdenn, von den Heyligenn, reynen, kewſchen Junkfrawen.

Im Newten vnnd letzten Gange Heyligthumb vonn den Heyligenn Andechtigen Wittwen vnnd Außerwelten.

Ewer liebe vnnd andacht Sollen auch wiſſen das alle menſchen beydes Geſchlecht ſo allhye erſcheynenn, ware rewe vnd leyde yren Sünden haben vnnd den Führsatz Jre Sünde zew beichten Vnnd zew

4

bueßernn, Vordienen vor Iglichen partikel deß Hochwirdigen Heyligthumb vnd Cleynot ßo gezeiget vnnd verkundigt wirdt. Vierthauſent Jhar, dreythauſent eyn hondert vnnd viertzig tage Ablas Vnnd Achthundert Quadragen. Deßgleichen vonn eynem itzlichenn Gange Cleynoth, Vyerthauſent Achthondert Jhar, Zwenhondert vnnd Acht vnnd Zwentzig tage Vnnd Achthondert Quadragen.

Auff das wir nuhn mogenn geſchick werden ſulchenn merglichenn großen Ablas zewvorhynnen Auch wirdiglichenn an Zewſchavrenn das wirdige namhafftige Heyligthvmb, Eßo knyet nydder vnnd zeichnet auch mit dem Zeichenn deß heyligen Creutzes, vnnd ſprecht mir nach dye gemeyne ſchult, Jch armer ſündiger Menſch etc. Sequitur Miſeratur et Indulgenciam etc.

Stehet frölich wibber auff.

Stehet ſtille vnnd bringt nicht eynander, vnnd ob ſich eynicherley auffrur, geſchrey von Fewer oder anderm begebe, das got gnediglich verhuete vnnd verware, Sollet Jr euch daran nicht kerenn, Biß ſo lange man euch abzewgehen erlewbbt, dann es iſt von vnnßerm gute Hern dem Ertzbiſchow ſeyner Churfürſtlichen gnaden Amptleuthen Auch dem Erbaren Rathe alhyer alle Dingt nitt vleiſſiger vorbedacht notdurfftigliche vnnd woll beſtellet, Würde aber remandt auffrur vnnd geſchrey machenn, vnnd dyeße ermanunge vorachtenn, Jſt ernſtlich befohlen denſelbigenn ſchwerlich vnnd onn aller gnade zew beſtraffenn.

Der Erſte Gangk.

Ztum Erſtenn ... eyne Roße gemacht vonn Golde ... Dye hat geſegnet vnnd gebenedeyet gutſeliger gedechtnus der allerhenliſte in got vater vnnd Herr, vnnſer Herr Leo ... der zehende Babſt, deß nahmens Zew mittfaſtenn vnnd dormitt begebet vnnſerm gnedigſtenn Hernn, den Cardinal zew eyner beſundern ehre Dyeßer Stiftkirchenn der Heyligen Sankt Moritz Vnnd Marien Magdalennen Zew Halle.

Ztum Anderen: Dye groſte Silbernn Brandenburgiſche Taffel.

Ztum Drittenn: Daß ſchone newe ſilbernn Sakramentgehews.

Ztum Vierdenn: Eyn groß ſchonn Silbernn vergult Creutz mitt funff Brillen, Vnd im fueße 4, Vnd hyndenn 5 Rother Steyne.

Ztum Funfften: Das groſte gantz guldenn marggraviſche Creutz mitt Edeln ſteynenn vnnd Berlen.

Ztum Sechſtenn: Der oberſilberte Sarch mitt eynem ſulchenn Zeuchenn * .... dieſe abgeſchriebenn Reliquien alleſampt, ſeynbt durch Babſt Eugenium den dritten, Jm dritten Jhare ſeyner regirunge, Jn den

hoen Altar Sanct Mathie Closter vor Trier mit eygenenn Henden gelegt, do seyn Heyligkeit denselbtenn altar consacrirtte, Anno dm̄i M.C.XLVIII,
Welchs Heyligthumb der Erhbischoff Lenhart zew Trier von griffenklago
mittsampt andern trefflichenn Reliquien, wye ewer andacht noch horenn
wirdt zew sunderlicher Freuntschafft, vnnßerm guete Hern dem Cardlual . . .
Vnnd zew ehre dießer Stifftkirchen hyeher geschickt hatt. . . .

Jtum vnten: Eyn vbergolter Sarch mitt Elffenbeynnen bildernn,
oben eyn brauner Mermelichter steyne. . . .

Jtum vnten: Eyn Elffenbeynnenn Serchleyn mitt zweyenn Buchstaben AA gezeichnett. . . . .

Jtum ixten: Abermals eyn Elffenbeynnenn Sarch mit Zweyenu
Buchstabenn BB gezeichnett. . . . .

Jtum xten: Eyn alt Sibbernn vergult Plenarium mitt Sanct
Paulus Bilde. . . . .

Jtum viten: Eyn Silbernn vergult Plenariu uit dem gestrengenn
gerichte. . . . .

Jtum xviten: Eyn Silbernn vergult Plenarium mitt eynem
Elffenbeynnenn Crucifix mitt schwarzem Sammet vbertzogenn . . .

Jtum xviiten: Eyn vbergulte Tafell mitt Berlenmutter boreyn
das leyden Christi geschnitten. . . . .

Jtum xiiiten: Eyne Grune gemahelte Taffel. . . . .

Jtum vten: Dye groste Rothe gemahelte Taffell. . . . .

Jtum vviten: Dye groste Vierechichte Taffel mitt eym glase, Inn
der mitte eyn gemahelt Crucifix vnnd borinnben eyn geschnittenn Marien
Bilde. . . . .

Jtum xviiten: Dye gemahlte Tafell mitt vier Flügeln oben darauff vnßer liebenn Frawen, Eyns Engels Vnnd Sanct Elizabethen bilder,
Innewendig gestickt, Inn der Mitte eyn geschmelzt Crucifix . . .

Jtum xviiiten: Eyn vbergulte Taffel Inn der Mitte vnßer
liebenn Frawenn Bilde vonn gehlem glase. . . . .

Jtum xixten: Eyn Taffel mitt der erscheynnunge Marie, geschehen
nach der auferstehunge. . . . .

Jtum xxten: Eyn grosse gemahlte Taffel mitt dem Englischen
grus. . . . .

Jtum xxiten: Eyne Cleynere gemahlte Taffel mitt dem Englischenn
grus. . . . .

Jtum xxiiten: Eyne lenglichte gewelbte Taffel, wye eyn giebel
vff der seytenn mitt schwertzem Tamaschkenn vff eyn gehlenn Bodenn . . . .

Jtum xxiiiten: Eyne Vierechichte Taffell mit eym glaße Inn
der Mitte vunßer liebenn Frawenbilde Illuminniret. . . . .

Jtum xxivten: Eyn Taffel mitt rothem Sammet vbertzogen. . . . .

Itum xxvten: Eyne Taffel mit Rothem Atlaß obertzogenn, In der Mitte Innewendig sanct Annen Bilde. . . . .

Itum xxviten: Eyn Silbernn vergult Creutz mitt eym hoern ronden fuesse vnnd eym Cristallen Knopffe. . . . .

Itnm xxviten: Eyn Silbernn vergult Monstrentzleyn off dem fuesse mit dreyen geschmeltzten Bilder. . . . .

Itum xxviiiten: Eyn Elffenbeynenn Serchlein off der deckenn Renner. . . . .

Itum xxixten: Eyne Ronde Elffenbeynen Buchse, obenn mitt eym gehlenn Knopffe. . . . .

Itum xxxten: Eyn grossenn weyssenn obergulten Sarch welscher arbeyt. . . . .

Itum xxxiten: Eyn Cleynnernn weyssenn obergulten punnttenn Sarch welcher arbeyt. . . . .

Itum xxxiiten: Eyn Elffenbeynenn Taffeleyn mitt bildern wie ein Thorm. . . . .

Itum xxxiiiten: Daß weysse Allabasternn kestleyn mitt dem Buchstabenn A getzeichnet. . . . .

Itum xxxivten: Das Schwartze buntte Alabasternn kestleyn. . . . .

Itum xxxvten: Das Andere weiß Alabasternn kestleyn mitt dem Buchstabenn B getzeichnet. . . . .

Itum xxxviten: Das Dritte weysse Alabasternn kestleyn mitt dem Buchstabenn C getzeichnet. . . . .

Itum xxxviiten: Eyn kleyn Silbernn sanct Annen bilde, bornebenn Sanct Johannes der Tauffer stehet. . . . .

Itum xxxviiiten: Eyn gantz schneweyß vierecktcht Elffenbeynenn kestleyn. . . . .

Itum xxxixten: Eyn Silbernn vergult Monstrantzleynn. Vorne mitt eym grossenn brillen, hynden eyn Cruzifix mitt vier Euangelistenn gestochenn, Vnnd hat off der seyttenn eyn Tormleyn verlorenn. . . . . .

Itum xlten: Eyn Silbernn vergult Monstrentzlenn auff der spitze eyn Crucifix, hyndenn eyn erhoben sanct Franciscusbilde, In eynem blawen geschmeltzten felde. . . . .

Itum xliten: Eyn Silbernn obergult Creutzlen, Forne mitt 5 Brillen, vnd eynem vergulten kupffern Fuesse. . . . . .

Itum xliiten: Eyn Cleon silbernn gantz vergult Monstrentzlenn mitt sanct Annen vnnd sanct Augustin bildernn off den seyttenn. . . .

Itum xliiiten: Eyn Straußeve Inn Silber gefast vnnd obergult mitt viel steynenn vnd Chorellenn. . . . .

Itum xliiiiten: Eyn Silbernn vergult Viaticum Forne mitt eym ronden berlß vnnd oben eyn groß vergult Crucifix. . . . .

Itum xlvten: Eyn silbernn Monstrantz mitt eynem Crystallenn Vogel. . . . .

Itum xlviten: Eyn Cleyn Silberun Viaticum mitt eyner lenglichenn Spitze, Dorauff eyn Cleyn Creutze. . . . .

Itum xlviiten: Enne ronde silbernn vergulte buchße mitt steynenn vnnd außgetriebenenn bildern auff der Decke eyn Vogel. . . . .

Itum xlviiiten: Enne ronde gestickte buchße mitt Berlen Chorellenn vnnd steynenn. . . . .

Itum xlixten: Eyn Silbernn vergult Crucifixlen, Dorneben vnnßer lieben Frawenn vnnd Sanct Johannesbilder. . . . .

Itum lten: Eyn Silbernn Pacifical vff einen durchbrochenen Hoen Fuße mitt sanct Georgen bilde vonn Berlenmutter geschnitten vnnd iv steynen. . . . .

Itum liten: Eyn Silbernn vergult Crucifixlen mitt eynem Hoen fueße vnnd anhangenden Saluator vnnd iv Steynenn. . . . .

Itum liiten: Eyn Silbernn Vergult rondt Pacifical mitt eynem Hoen Fueße Vnnd 'auffgezcegenen tabernackel. In der mitte sanct Georgen bilde vonn Berlenmutter geschnittenn. . . . .

Itum liiiten: Eyn Cristallenn Kopflenn In Silber gefaßt obenn mitt eynem silbern Vergultenn Creutzlen, Vnnßer liebenn Frawenn vnnd sanct Johannes Bildern. . . . .

Itum liviten: Eyn Cleyn rondt silbernn vbergult Pacifical mitt v Steynen mitt eynem Hoen durchbrochenem fueße. . . . .

Itum lvten: Eyn Silbernn verqult vergittert Pacifical. . . . .

Itum lviten: Das Buntte Elffenbeynenn keßlen, an stadt deß schloßes eyn silbernn vergult Schildlenn, mitt Beyder Stiffts vnnd sechßischen Wappen. . . . .

Itum lviiten: Eyn ander bunt Elffenbeynen Keßlenn . . . .

Itum lviiiten: Eyn Elffenbeynenn Teffeleyn mitt eym Vesper Bilde Inn Silber gefast vnnd vergult. . . . .

Itum lixten: Eyn Silbernn vergult Creutz mit groffen grunen Steynenn. . . . .

Itum lxten: Eyn Silbernn vergult Cleynot gestalt wye eyn Apffel. . . . .

Itum lxiten: Eyn Cristallenn geschmeltzt glas mannicherley farbenn mitt zweyen silber vergultenn Cronen. . . . .

Itum lxiiten: Eyn Silbernn Creutze mitt eynnem vergultenn anhangenden Saluator mitt iv Euangelisten. . . . .

Itum lxiiiten: Eyn anders silbern Creutz auch mitt eyn anhangenden vergultenn Saluator vff dem Fueße eyn gestuchenn Marien Bilde Inn der Sonne. . . . .

Item lxvten: Eyn Silbernn Creutze als este mitt eynem vergultenn anhangendenn Saluator vnnd vergultem tittel. . . .

Item lxvten: Eyn Cleyn silbernn vergult Creutz mitt iv Brillenn, Hynden in dne Vier ortter gestochenn der Tittel Jhesu Nazarenu. . . . .

Hier fehlt ein Blatt mit dem Texte zu „Item lxviten" und der Abbildung zu „Item lxviiten".

Item lxviiten: Eyn Schwartz beynenn ledleyn mitt silber beschlagenn vff der decken eyn weiß beynenn Sanct Mertinsbilde . . . .

Item lxviiiten: Eyn ronde gemahlte Elffenbeynen Buchsse. . . . .

Item lxixten: Eynt Cleynere ronde Elffenbeynen Buchsse. . . . .

Item lxxten: Eone Brillenn Buchsse, In Silber gefast . . . .

Item lxxiten: Eon Plenarium mitt Silber beschlagenn mitt eym vergultenn Crucifix, mitt S. Marien S. Johannes S. Benedicty vnnd anderer Heiligenn Bilder vnnd iv Euangelisten, alles vergult. . . . .

Item lxxiiten und lxxiiiten: Zwen Kupffernn geschmeltzte kestleyn. . . . .

Der ander Gangk.

Item Erstenn: Eon gantze guldenn Monstrantz mitt köstlichenn Edeln Steynenn vnnd Berlenn. . . . .

Item Anderenn: Eon Silbernn vierecklicht kestleyn vff der decken dve aufferstehunge Christi gestochenn. . . . .

Item Dritten: Eon Silbern vergult Monstrantz Dor Innen eyn silbernn vergulte Patem darauff hat der almechtige barmhertzige got dieß wunderzeichen mitt Eyner Ehebrecherin gewirckt. Nota: Alhyer soll angezeigt werdenn, wve vnnd woe, auch vntter welchem Ertzbischove zew Mentz dieß wunderzeichen geschehen, wve das dorff, der Pfarher vnnd dve Frawen person genannt seynd gewest. . . . .

Item ivten: Eone gantz guldene Taffel mitt trefflichenn Edeln steynen vnnd Berlenn gezieret. . . . .

Item vten: Eon grosser Engel mitt Fast trefflichenn Edeln Steynenn vnd Berlen. . . . .

Item viten: Eon gantz guldenn Kelch mitt merglichenn kostlichenn steynenn vnnd Berlenn gezieret. . . . .

Item viiten: Eon gantz guldenn Creutzlen mitt eyn anhangen Saluator an Stadt der Regel, ııı stitzige Demuth, der Fucs gezieret mitt Edeln steynenn Berlen vnnd geschmeltzte. . . . .

Item viiiten: Eon gantz guldenn Pacem mit eynem erhobenem Fuesse. . . . .

Item ixten: Eon gantz guldenn Monstrentzlenn mitt viel Edeln steynenn vnd Berlen geschmückt . . . .

Itum xten: Eyn gantz guldenn Clevnot mitt fast schoenenn Edeln-
steynenn vnd Berlen In der Mitte eyn Jamahu mitt der Figur Veronica.....

Itum xiten: Eyn grosse Silbernn Monstrantz mitt der vonn Halle
Wapenn.....

Itum xuten: Eyn grosser Silbernn vergulter Tabernackel mitt
Bildernn.....

Itum xinten: Eyn vorclerunge Christi vonn Silber vnnd Silbernn
Ertze.....

Itum xirten: Eyn schone grosse neue silbernn vergulte Monstrantz.....

Itum xvten: Eyn groste Silbernn vergulte Saluator.....

Itum xviten: Eyn grosse Silbernn Monstrantz, In der Mitte
eyn Barmhertzigkeit, vff der Seitten eine vergulte Annuntiacio   An statt
deß glaßes eyn vergulte buchsse mitt eyn eyngestochenem Crucifix.

Itum xviiten: Eyn Silbernn Taffel Ertzbischoff Albrechts mitt eyn
ronden bogenn vnnd m silbernn knewfflen.

Itum xviiiten: Eyn Silbernn Taffel mit viii geschmeltzten Gläsern.....

Itum xixten: Eyn groß Cristalleun Creutz In Silber gefaßt vnnd
vergult, Dor Innen ist noch eyn Creutz von lauterm golbe mitt steynen
Vnnd Berlen gezieret.....

Itum xxten: Eyn groß silbernn Creutz mitt eynem Hoen fuesse,
In der Mitte eyn runder bal, welchs man alle Freitage pflegt vmb zew
tragen.....

Itum xxiten: Eyn Silbernn vergult Creutz vff die sitten dye vi
Euangelisten In blaw geschmeltzt, vorne eyn brillenn Creutz, hynden eyn
ronder Brill.....

Itum xxiiten: Eyn groß Silbernn Creutz mitt eym grossenn vergultenn vmhangendem Saluator iv Euangelisten kupffern vnnd vergultem
fuesse oben eyn langer Cristall.....

Itum xxiiiten: Eyn Silbernn vergulter Baum oben mitt eynem
vergulten Crucifix.....

Itum xxirten: Eyn Silberne vergult taffell mitt den heyligen
dreyen konigen vnnd anderen bildern In eyttel gold geschmeltzt.....

Itum xxvten: Eyn Silbernn vergult Monstrantz, Dorinnen ist
Im glase der Weyn den Christus auß wasser gemacht, Oben Im Tabernackel von denn steynen kruge dor Innen sulch weyn auß wasser gemacht.....

Itum xxviten: Eyn Silbernn Vbergult Monstrentzlen Dor Innen
Zewne gestickte Engel dye Haltenn eyn lenglich stuck vom tischtuche des
Herrn. Obenn In der ronden brill vom heyligenn Creutze.....

Ztum xxvuten: Eyn Silbernn vbergulte Taffel mitt dem Contrafact Christi mitt 12 Jlluminirten Engeln Vnd den xu Aposteln geschmeltzt. . . . .

Ztum xxvuiten: Eyn Silberne vergulte viereckichte Monstrantz
mitt viel Patronen. . . .

Ztum xxixten: Eyn Silbernn vergult Plenarium mitt der Geburt
Christi. . . . .

Ztum xxxten: Eyn Silbernn vergult Plenarium mitt dem Brustbilde Christi vnnd 4 Euangelisten. . . . .

Ztum xxxiten: Eyn gantz gulden Creutz mitt Edelnn steynen Vnnd
Perlen gezieret. . . . .

Ztum xxxiiten: Das grossere weiß Alabasternn Monstrenzlen, Cum
Spina, Dor Jnnen ist eyn gantzer Dorn von der Cronen Christi, welchen
Bebstliche Heiligkeit seliger gedechtnus Leo der x. Vnßerm gnedigsten Hern
Zew besundern gnaden Zew ehren der loblichen Stifftkirchen mitt sampt
anderin trefflichenn Heiligthumb hieher geschickt. . . . .

Ztum xxxiiiiten: Das Cleynere Weyß Alabasternn Monstrenzlen,
Dor Jnne ist vom Hare vnßers seligmachers Jhesu Christi, Welchs vorgenannte Bebstliche Feyligkeit auch Hyeher geschickt. . . . .

Ztum xxxivten: Eyn Silbernn vergult kleyn rondt Monstrenzlen. . . . .

Ztum xxxvten: Eyn ander kleyners Silbernn Monstrenzlen Jm
Tabernackel eyn Barmhertzigkeit, In der Mitte eyn rotonde mitt eynem
glaß vnnd eynem grunen bulben atlaß . . . .

Ztum xxxviten: Eyn Silbernn Jhesus Bilde mitt gulden ketten
vnnd Perlen getziret. . . . .

Ztum xxxvuten: Eon Silbernn vergult Monstrenzlen mitt zweyen
Engeln Vnnd Ertzbischoff Ernst Wapenn. . . . .

Ztum xxxviiiten: Eyn gantz roth Chorellenn Crucifix In Silber
gefast vnnd vergult. . . . .

Ztum xxxixten: Eyn Silbernn aufferstehunge mitt eynem vbergulten
grabe. . . . .

Hier fehlt ein Blatt mit dem Texte zu „Ztum xLten“ und der
Abbildung zu „Ztum xLiten“.

Ztum xLiten: Eyn silberne vergulte Taffel In der Mitte eyn geschmeltzt Crucifir mitt eym gedrenge vnnd Jm fuesse der Hern von Schon-
bergk wapen geschmeltzt. . . . .

Ztum xLiiten: Eyn Silbernn vergulte taffel In der mitte eyn
gantz gulden Creutze dorbey vmnd In den Flugeln erhobene bilder. . . . .

Ztum xLiiiten: Eyn Silbernn vergulte gevoncionirte Taffel. . . . .

Ztum xLivten: Eyn Silbernn vergult bilbe der Barmhertzigkeit. . . . .

Z t u m xᴌᴠten: Eyn gulden Schiffleyn mitt Berlen Edeln gesteynenn vnnd geschmeltzte geziret. . . . .

Z t u m xᴌᴠɪten: Eyn Silbernn vergult Tesseleyn oben mitt eym guldenn Creutze. . . . .

Z t u m xᴌᴠɪɪten: Eyn weyß Elffenbeynen Kestleyn beschlagenn vnnd vergult. . . . .

Z t u m xᴌᴠɪɪɪten: Eyn lenglicht Silbernn vergult Cleynot mitt ɪᴠ silbernn suessen, an beyden orttern steyne. . . . .

Z t u m xᴌɪxten: Eyn Silbernn vergult Monstrantz mitt eynem grossenn Vnd cleynen Cristallen mitt eynem vergultenn kupffern suesse, oben die spitze abgebrochenn. . . . .

Z t u m ᴌten: Eyn grosse ronde Brillenn buchsse Jnn Silber gefast Vnnd vbergult. . . . .

Z t u m ᴌɪten vnd ᴌɪɪten: Zewey vbergulte Creutze mitt steynenn vnnd Berlenn, Zew Fahnen stehenn. . . . .

Z t u m ᴌɪɪɪ, ᴌɪᴠ, ᴌᴠ vnd ᴌᴠɪten: Vyer Creutze vonn Berlenmutter, geschnitten. Jnn Silber gefast vnnd vbergult.

Z t u m ᴌᴠɪɪten: Eyn viereckicht guldenn Vacem mitt Edeln steynnen Vnnd Berlen vnnd eyner gulden ketchen. . . . .

Der dritte Gangk.

Z t u m Erstenn: Eyn groß Silbernn vbergults Marienbilde vff den seitten Dorothea vnd Catherina. . . . .

Z t u m Andernn: Eyn groß stehendes silbern Marienbilde mitt eyner gantz guldenen Cronen mitt steynen vnd Berlen geziret. . . . .

Z t u m ɪɪɪten: Eyn grosse Silbernn vergulte Monstrantz. . . . .

Z t u m ɪᴠten: Eyn Silbernn gantz vergult Marienbilde. . . . .

Z t u m ᴠten: Eyn ander Silbernn vbergult Marienbilde vff itzlichen seytten eyn vergulter Engel. . . . .

Z t u m ᴠɪten: Eyn Kestlen mitt schwartzem Sammet vberzogenn, Vnd mitt Berlen gestickt. . . . .

Z t u m ᴠɪɪten: Eyn Silbernn vergulte Taffel. In der Mitte eyn gantz gulden geschmeltzt Vesper Bilde. . . . .

Z t u m ᴠɪɪɪten: Eyn Silbernn vergult Cleynot mitt eyner außgetriebenen passion, vff den suesse eyn nackend bild vff eynem beyne stehende, Jn der Handt . . . . Uff der Deckenn eyn Marien bilde. . . . .

Z t u m ɪxten: Eyn Silbernn vergult Monstrentzlen. . . . .

Z t u m xten: Eyn Silbernn Marien Bilde mitt eynen silbernn vergultenn flaschenn am Halße, in der Hant eyn gulden Cleynot. . . . .

3

Ztum xiten: Noch eyn Cleyn Silbernn Marienbilde vmbgurttet vnnd mitt Zewsammen gelegtenn auffgehebten Hendenn. . . . .

Ztum xniten: Eyn Silbernn vergult Keſtlen Vff der deckenn außgetriebenn bilde eyns Crucifix Vnnd Sanct Lorentzen marter. . . . .

Ztum xinten: Eyn Strauß Eye In ſilber gefaſt oben eyn ſilbernn Marienbilde. . . . .

Ztum xivten: Eyn Lucern In Silber gefaſt vnnd vergult vonn Brillenn. . . . .

Ztum xvten: Eyn gantz gulden Pacem mitt Edelngeſteynenn vnnd Berlen, In der Mitte eyn Gamahue. Dor Innen eyn Marienbilde. . . . .

Ztum xviten: Eyne Cleyne ſilbernn vbergulte Cronunge Marie. . . .

Der Vierde Gangk.

Ztum Erſtenn: Eyn ſchonn groß ſilbernn vbergult bruſt Bilde, daran eyn guldenn Halßbant mitt ſteynenn vnd Berlenn, Vff dem Heupte eyne gantz goldene Crone, dor Inne trefflicke ſteyne vnnd Berlen. . . . .

Ztum Andernn: Eyne altformiſche groſſe Silberne vergulte Monſtrantz. . . . .

Ztum inten: Eyn Silberne vbergulte Monſtrantz oben mitt eynem Pelican Vnd forne eyn Engel mit eyner Zcedeln. . . . .

Ztum rvten: Eyn vbergult Clennot mitt ſteynen vnnd Berlen gezirer, Inn der Mitte eyn langer auffgerichter Brill. . . . .

Ztum vten: Eyn Silberner Sarch allenthalbenn mitt glaß durchſichtig. . . . .

Ztum riten: Eyn gantz guldenn Serchlen mitt ſteynenn vnnd Berlen. In der Mitte vff der Decke eyn langer vierecichte Blawer ſteyn. . . . .

Ztum vnten: Eyn Silbernn Monſtrantz mitt eyner Elffenbeynen buchſſenn, ſilbernn vnnd vergultem arme der halten Zewene Engel. . . . .

Ztum vinten: Eyn Cleyn Silbernn Monſtrentzleyn mitt eynem gewunden Brillenn. . . . .

Ztum ixten: Eyn Silbernn Monſtrentzlen mitt dreyen gleſern, oben eyn Crucifix mitt vnnßer Frawen vnnd Sanct Johannes Bildern. . . . .

Ztum xten: Eyn Silberun vergult Becherleynn mitt zweyen ohren. . . . .

Ztum xiten: Eyn Silbernn vergult Lemleyn mitt eynem Criſtallen Corpus. . . . .

Ztum xniten: Eyn Cipreſſenn keſtlenn mitt ſilber beſchlagenn vff der deckenn rothe Steynlen. . . . .

Der Funffte Gangk.

Itum Erstenn: Eyn Silbernn Sanct Petersbilde. . . . .
Hier fehlt ein Blatt mit dem Texte „Itum Anderen“ und der Abbildung zu „Itum uiten“.

Itum uiten: Eyn Silbernn Sanct Pauls Bilde. . . . .

Itum ivten: Eyn Silbernn Sanct Joannis Bilde deß Euangelisten. . . . .

Itum vien: Eyn grosse Silbern Monstrantz mitt eym Kupffern fuesse vergult. . . . .

Itum viten: Eyn Silbern Sanct Bartholomaus Bilde. . . . .

Itum vuten: Eyn Silbernn Sanct Thomas Bilde. . . . .

Itum viiuten: Eyn Silbernn Arm mitt eynem Winckel Holtze. . . . .

Itum ixten: Eyn Silbernn Sanct Andreas Bilde. . . . .

Itum xten: Eyn groß Silbernn vergult sanct Andreas Creutze mitt steynenn. . . . .

Itum xiten: Eyn Schonn Silbernn Sanct Mathias Bilde. . . . .

Itum xiiten: Eyn Silbernn vergult Monstrenzlenn mitt Zweyen ronden brillenn, Dorumbe blawe rosleyn. Uff der seytten Maria vnnd Sanct Johannes uff der Spitze eyn Creutzlen. . . . .

Itum xiiiten: Eyn Silbernn Sanct Philippen Bilde. . . . .

Itum xivten: Eyn Silbernn Bilde deß cleynernn sanct Jacobs. . . .

Itum xvten: Eyn Silbern Bilde deß grossenn sanct Jacobs. . . . .

Itum xviten: Eynen grossenn Silbern Sanct Jacobsarm mitt vergulten Blumen. . . . .

Itum xviiten: Eyn Silbern Sanct Simons Bilde. . . . .

Itum xviiiten: Eyn Silbernn Bilde Sanct Jude. . . . .

Itum xixten: Eyn Silbernn Sanct Matheus Bilde. . . . .

Itum xxten: Eyne grosse silbernn Taffel mitt dem Contrafact Christi Vnnd sunst xviii brustbildern vonn Clarenn golde. . . . .

Itum xxiten: Eyne schone grosse silberne Vbergulte schale mitt eyner Cristallenn decken. . . . .

Itum xxiiten: Eyn Silbernn vergulter Sarch mitt drei weyssenn fuessenn, Uff der becken dye Steynunge sanct Steffans. . . . .

Itum xxiiiten: Eyn Silbernn vergult Plenarium mitt figur der Annuntiacion. . . . .

Der Sechste Gangk.

Hier fehlt ein Blatt mit dem Texte „Itum Erstenn“ und der Abbildung zu „Itum Andern“.

Ztum Andern: Jtco follenn Ewere liebbenn auch' Wiſſen das Jm groſſenn ſilbern Moritz, ſo Jm Chore vor dem Hoen altar, Jm Tabernackel ſtehet, trefflichen vil partickel Heyligthumbs ſeynbt, welche Zew Zeelen faſt zew langk wurde. . . . .

Ztu uiten: Eyn ſchon groß ſilbern Bruſtbilde beß Heyligenn Mauricy gezieret mitt gulden kreutzen vnnb kethen, Auch treflichen ſteynen Vnd Berlen. . . . .

Ztum ivten: Eyn Silbern Stab, oben mitt eynem vergulten Creutz, daran Hengt eyn fahne von gulbenem tuche gemacht. . . . .

Ztum vten: Eyn groß Silbernn Sanct Erasmusbruſt Bilde. . . . .

Ztum viten: Eyn ſchoner Sarch mitt koſtlichen Berlen vnnd vielen Ebeln geſteynen geſtickt. . . . .

Ztum vuten: Eyn Groſſer Silberner Sarch, mitt Ertzbiſchoff Albrechts vnnb Ertzbiſchoff Ernſts Wapenn off den ortern vnd off beybenn langen ſeytten off Jtzlicher iv außgetriebene bilder. . . . .

Ztum vinten: Eyn Silbernn gantz vbergulter Sarch. . . . .

Ztum ixten: Eyn Silbernn Sarch mitt eyner Hohen deckenn. . . . .

Hier fehlt ein Blatt mit dem Texte »Ztum xten« und der Abbildung zu »Ztum xiten«.

Ztum xiten: Eyn faſt groſſe Silbernn Monſtrantz. . . . .

Ztum xuten: Eyn Silbern verqulte ronbe Monſtrantz mitt eyner geſchmeltzten lenglichen blawen Dache, Vnd oben eyn gebupelt Crucifix. . . . .

Ztum xinten: Eyn groſſer vbergulter Sarch mitt eyner gewolbtenn flachenn deckenn. . . . .

Ztum xivten: Eyn Rewer Vbergulter ſarch mitt eyner Hoen außgebogenn Decke. . . . .

Ztum xvten: Eyn Vbergulter Sarch mitt dem Buchſtaben D gezeichnet. . . . .

Ztum xviten: Eyn Vberſillbertter Sarch mitt dem Buchſtaben B gezeichnet. . . . .

Ztum xvuten: Eyn cleyn vergulter Sarch mitt eyner rontten ſchupichten deckenn. . . . .

Ztum xvuiten: Eyn groſſer Elffenbeynenn Sarch mitt gemachtenn Vnd vbergulten Bildernn. . . . .

Ztum xixten: Eyn ſchonn groß ſilbernn Pulpt. . . . .

Ztum xxten: Eyn Silbernn vbergulter lenglicher Sarch mitt der Paſſion Chriſti. . . . .

Ztum xxiten: Eyn Silbernn langer Sarch, bor Jnnen geſtochen iſt, bye Hiſtoria der xm Ritter. . . . .

Ztum xxuten: Eyn Cleynes newes ſilbern keſtleyn mitt eym ſpitzigen ache. . . . .

Jtum xxuten: Eyn groß Silbernn ſitzendes Sanct Bonifacius Bilde. . . . .

Jtum xxıvten: Eyn Vergult bruſtbilde deß Heyligenn Ignacij. . . . .

Jtum xxvten: Eyn ſehr groß ſilbernn Bilde Sanct Georgy gezieret mitt eynem gulden Cleynot, der Innen ſteyne vnd Berlen. . . . .

Jtum xxvıten: Eyn ſchon groß ſilbernn ſanct Criſtoffs bilde. . . . .

Jtum xxvııten: Eyn groß Silbern bruſt bilde ſanct Victors. . . . .

Jtum xxvıııten: Eyn großer Silberner gantz vergulter Arm, mitten Ju der Hant eyn ronder Brill. . . . .

Hier fehlt ein Blatt mit dem Texte „Jtum xxıxten" und der Abbildung zu „Jtum xxxten".

Jtum xxxten: Eyn groß Silbernn gantz vergultt Bilde Sanct Pancracij. . . . .

Jtum xxxıten: Eyn ſchon ſilbernn Sanct Friderichs Bilde. . . . .

Jtum xxxııten: Eyn Silbernn vergulter Arm mitt eyner ſilbernn Hant mitt eyn Saphir deß Heiligenn ſanct Steffans deß Erſten merterers. . . . .

Jtum xxxıııten: Eyn Criſtallenn Sebaſtian Jnn Silber gefaſt vnnd vergult. . . . .

Jtum xxxıvten: Eyn Silbernn ſanct Fablans Bilde. . . . .

Jtum xxxvten: Eyn Silbernn Sanct Lorentz Bilde. . . . .

Jtum xxxvıten: Eyn Silbernn arm mitt eyn ſchwertte. . . . .

Jtum xxxvııten: Eyn vergulter arm Steffan deß Heyligenn Babſts. . . . .

Jtum xxxvıııten: Eyn Silbernn Vbergulter arm mitt viel ſteynenn Sancti Sigismundi. . . . .

Jtum xxxıxten: Eyn groß Silbernn vergult Cleynoth Jn geſtalt eyns knopffs mitt viel ſteynenn Vff der decke eyn bruſtbilde Sancte Criſogonny. . . . .

Jtum xxxxten: Eyn Silbernn vbergult heupt Sancti Bereonis. . . . .

Jtum xxxxıten: Eyn Silbernn Bruſtbilde Sanctı Clementis. . . . .

Jtum xLııten: Eyn Silbernn Bruſtbilde Sancti Sebaſtiani. . . . .

Jtum xLıııten: Eyn Silbernn Bruſtbilde Sanct Valentiny. . . . .

Jtum xLıvten: Eyn Silbernn bruſtbilde mitt einem Crantze Achacij. . . . .

Jtum xLvten: Eyn Silbernn Bruſt bilde mitt eynem rothen Paunet Sancti Modeſti. . . . .

Jtum xLvıten: Eyn Silberne Monſtrantz Sancti Ruperti. . . . .

Jtum xLvııten: Eyn Silbernn Monſtrantz mitt vier Criſtallenn Creutzen, vnnd welchſſenn bogenn, Biel daran vergullt, Obenn vnnßer lieben Frawen Bilde, Dorneben Vier Engel. . . . .

Itum xlviiten: Eyn Silbernn vergult kopff mit silbern vnnd vergultenn Ertze. . . . .

Itum xlixten: Eyn Berlenmutter In Silber gefasst Vnnd vergult, vff der deckenn eyn gewappneter man mitt gefastem schilde vnnd schwertte. . . . .

Itum Lten: Eyn Silberner Sarch mitt Eytel sanct Moritz Bildern. . . . . .

Itum Liten: Eyn Silbernn Monstrantz. Im Tabernackel eyn vergult Sanct Augustinusbilde, vff den Seyttenn Sanct Moritz vnd Sanct Vrsulen bilder. . . . .

Itum Liiten: Eyn Silbernn vergult Cleynoth, obenn wie eyn Birn mitt eym Hoen fuesse. . . . .

Itum Liiiten: Eyn grosser Cristallenn Becher In Silber gefast vnnd vergult geziertt mit Berlen. . . . .

Itum Livten: Eyn Silbern Monstrantz vff den seyten Sanct Erasmus vnd S. Johans Euangelisten Bilder. . . . .

Itum Lvten: Eyn Silbernn vorgulter Monstrantz vff den seyttenn sanct Moritz Vnd sanct Maria Magdalenen Bilde. . . . .

Itum Lviten: Eyn ronder niederiger silberner vbergulter Becher Vff der deckenn eyn eynhorn. . . . .

Itum Lviiten: Eyn groß rondt silbernn vergult Pacem Zew rucke mitt eyner perlenmutter vff dem fuesse Bischoff Johans vonn der Neumburgk wapen. . . . .

Itum Lviiiten: Eyne greyffenn Clawe In Silber gefasst vnnd vergult, Vff der decke sanct Moritz bilde. . . . .

Itum Lixten: Eyn kurtz schwert mitt eyner silbernn scheydenn vnnd vergult, Dormitt dye Heylige Felicitas mitt yren sohnenn enthaupt ist wordenn. . . . .

Itum Lxten: Eyn Weiß silbernn Monstrentzlen mitt dreyen glesernn. . . . .

Itum Lxiten: Eyn Cleyn silbern vergult Monstrentzleyn mitt in Elffenbeynnen bilderan In dreyen glesern, vnden eyn ronde glesern scheybe. . . . .

Itum Lxiiten: Eyn Silbernn vbergulter Sarch mitt außgetrieben Bildernn, vff der decken das Jungste gerichte, Vnnd forne dye Heyligenn drey Konige. . . . .

Itum Lxiiiten: Eyn Silbernn vbergulter Finger vff eynem Hoen durchbrochenen Fuesse. . . . .

Itum Lxivten: Eyn langk Silbern vbergult kleynn Stebleyn, daran, eyn kleyn Fennleyn mitt Berlen gestickt. . . . .

Der Siebende Gangk.

Ztum Erstenn: Eyn groß Silbernn vergult Cleynot In gestalt eyns Knopffes. . . . .

Ztum Andernn: Eyn silbernn vergulter Sarch mitt außgetriebenn Bildern. . . . .

Ztum iiiten: Eyn Schoner grosser Silbernn Sarch mitt Ertzbischoff Ernst wapen. . . . .

Ztum ivten: Eyn Vbersilberter Sarch mitt dem Buchstabenn O getceichnet. . . . .

Ztum vten: Eyn Vbergulter Sarch durchsichtigk vonn Glase. . . . .

Ztum viten: Eyn groß Silbernn Bilde sanct Augustini. . . . .

Ztum viiten: Eyn groß Silbernn Bilde Sanct Wolfangs. . . .

Ztum viiiten: Eyn groß Silbernn Pellican. . . . .

Ztum ixten: Eyn grosser Silberner Reittender Sanct Merttin. . . .

Ztum xten: Eyn Silbernn vergult Sanct Mertins Bilde, das Keyser Maximilian vnserm gnebigsten Hernn gegeben. . . . .

Ztum xiten: Eyn Silbern vergulter außgetriebener Becher Vff der Decken eyn groß vergult Crucifix. . . .

Ztum xiiten: Eyn Silbernn Sanct Anthonius Bild. . . . .

Ztum xiiiten: Eyn groß Silbernn Schiff mitt Chorellen vnnd Ertzbischoff Ernsts wappenn. . . . .

Ztum xivten: Eyn schon Silbernn Sanct Jheronimus Bilde. . . . .

Ztum xvten: Eyn Silbernn Sanct Keyser Heinrichs Bilde. . . . .

Ztum xviten: Eyn Silbernn Sanct Nicolaus Bilde. . . . .

Ztum xviiten: Eyn Silbernn Sanct Ulrichs Bilde. . . . .

Ztum xviiiten: Eyn sanct Rochus Bilde. . . . .

Ztum xixten: Eyn Silbernn Brust Bilde eynes Bischoffs mitt viel Steynnen. . . . .

Ztum xxten: Eyn Silbernn vergulte Monstrantz mitt dreyen Elffenbeynenn festlen . . . .

Ztum xxiten: Eyn Silbernn vergult Monstrantz Im Tabernackel vnnßer lieben frawen bilde mitt dem kynbleyn Jhesu, Vnnd oben eyn Crucifix. . . . .

Ztum xxiiten: Eyn Strauß Eve In Silber gefast vnd oben mitt eynem Crucifix, dorbey vnser Frawen vnd S. Johansbilder. . . . .

Ztum xxiiiten: Eyn Elffenbeynen Serchleyn oben sanct Georgen Bilde. . . . .

Ztum xxivten: Eyn Silbernn Taffell mitt Elffenbeynenn Bilderan Vand eynem vergulten Kupffernn Fuesse. . . . .

Ztum xxvten: Eyn Cristallenn kopff in Silber gefast kunstlich vnnd wol geschmeltzt. ....

Ztum xxvjten: Eyn schon alt Silberun vergult Cleynot mitt viel figuren, vff der decken Sanct Georgen Bilde. .....

Ztum xxvijten: Eyn Cristallenn Becher. .....

Ztum xxviijten: Eyn Cristallenn kopffleyn Jn Silber gefast oben mit eyner Silbern Decken. ....

Ztum xxixten: Eyn alter Silberner Vbergulter kelch Vnden vff dem Fuesse mitt außgetriebenn Bilder, Vnnd steynen geziret. ....

Ztum xxxten: Eyn Alter Silberner vbergulter kelch mitt Zeweyen ohren. .....

Ztum xxxjten: Eyn Silbernn ronde Buchsse mitt eynem Hoen Fuesse vff der Decke Sanct Moritz Brustbilde. ....

Ztum xxxijten: Eyn Steynernn Serpentinnen Becher Jn silber gefast vnnd vbergult. ....

Ztum xxxiijten: Eyn Lenglicht gewelbt vbergult silbernn Pacem mitt steynen Vnnd Chorellen. ....

Hier fehlt ein Blatt mit dem Texte »Ztum xxxivten« und der Abbildung zu »Ztum xxxvten«.

Ztum xxxvten: Eyn Silbernn vbergult Serchleyn mitt viel Patronen, Oben mitt eym Crucifix Vnnd Stolbergischem Wapenn. ....

Ztum xxxvjten: Eyn Cleyn Silbern Cleynot vff der decken eyn Jhesus Kyndleyn vff den seytten Zwey brustbilder Jngestalt der Bischouve. ....

Ztum xxxvijten: Eynn Blaw Kestleyn mitt guldenn Blumen, gewechsse Vnnd Bilderen. ....

Der Achte Gangk.

Ztum Erstenn: Es sollenn Ewer liebbenn wissenn das Jm Silberun vbergultem grossenn Sarche, Szo offen Hoen Altar stehet Zew der rechtenn deß Bildes der Barmhertzigkeit. ....

Ztum andern: Jn den vbergultenn Vnnd vbersilbertten kestlen So Jm Sanctuario vmb den Hoen altar stehenn. ....

Ztum iijten: Jn denn grossenn langenn Vbergulten Sarche Szo Zew den Hoen festen pflegt Jn der kirchen vor dem Chore zwe stehenn.. ....

Ztum ivten: Eyn Silbernn Sanct Vrsulen Brustbilde. ....

Hier fehlt ein Blatt mit dem Texte »Ztum vten« und der Abbildung zu »Ztum vjten«.

Ztum vjten: Eynn Silbernn vbergulter Sarch mitt vij: Elffenbeynen teffeleyn. ....

Ztum vijten: Der groſte buntte Elffenbeynen Sarch. . . . .

Ztum vijten: Eyn vbergolter Sarch mitt dem Buchſtaben G ge-
teeichnet. . . . .

Ztum ixten: Eyn oberſilbertter Sarch mitt dem Buchſtaben F gezeichnet. . . . .

Ztum xten: Eyn newer vberſilberter Sarch, oſſ der decken ean
vbergulter Knopff, oſſ der ſeytteun ein Jlluminirts ſanct Andreas
Bilde. . . . .

Ztum xiten: Eyn groſſer Silbernn Fenig.

Ztum xijten: Eyn Silbernn vbergult Monſtrantz mitt viel Elffenbeynen ſchewbenn, Dor Innen viel figuren, Vand Heyligen geſchnittenn.

Ztum xiijten: Eyn Silbernn Monſtrantz mitt Sanct Barbarenn
vnnd Catharinenn Bildern vergult, Jm Tabernackel eyn vergult vnnßer
frawenn Bilde, Vff der Spitzen eyn Vergult Crucifix. . . . .

Ztum xivten: Eyn Silbernn vergulte Monſtrantz S. Anaſtaſie. . . . .

Ztum xvten: Eyn Silbernn Monſtrantz S. Aldegundis . . . .

Ztum xvi ten: Eyn Silbernn vbergulter arm mitt eynem Strahel. .

Ztum xvijten: Eyn Silberan Vbergult Schieff mitt viel Gama-
buen, Vnnd ſanct Vrſulen Bilde . . . .

Ztum xvijten: Eyn ſehr groß Silbernn Sanct Dorotheen Bilde .

Ztum xixten: Eyn groß Silbernn Sanct Catherinen Bilde. . . . .

Ztum xxten: Eyn Silberun vergult Cleynott mitt v Buchſſenn
von Silber vnnd von Golde. Dor Innen iſt Obenn In der gantz
guldenen Buchſſen dye Zew oberſt ſtehet Sanct Catherinen Oel. . . . .

Ztum xxiten: Eyn Silbernn Vergult Heupt mitt eyner Cro.ien
Sanct Barbareen, Dor Innen iſt das Heupt vonn Sanct Barbareen. . . .

Ztum xxijten: Eyn groſſe Silberenn vergulte Monſtrantz Cum
Reliquiis S. Barbare. . . . .

Ztum xxijten: Eyn Silbernn ſanct Margarethen Bilde. . . . .

Ztum xxijten: Eyn groß Silberan vbergult Cleynoth wye eyn
Knopff mitt ſteynen Vff der deckenn Sanct Appolonien Bruſtbilde . . . .

Ztum xxvten: Eyn groß Silbernn Sanct Appolonienbilde. . . . .

Ztum xxvijten: Eyn groß Silberan Bruſtbilde eyner Mörin . . . .

Ztum xxvijten: Eyn Silberan Sanct Agathen Bruſtbilde. . . . .

Ztum xxvijten: Eyn Silberun Junckfrawen Bruſtbilde S.
Agaliſen. . . . .

Ztum xxixten: Eyn groß Silbernn Cleynot mitt ſteynen wye eyn
knopff oſſ der Deckenn Sanct Criſtinen Bruſtbilde. . . . .

Ztum xxxten: Eyn vbergulte Monſtrantz mitt eyner Cronnen, ge-
zeitet mitt ſteynen vnnd Berlenn. . . . .

Item xxxiten: Eyn rondt groß silbernn vbergult Pacem mitt Zweyen Engeln vff den seytten. . . . .

Item xxxiiten: Eyn Strawß Eve Ja Silber gefast vff der deckenn eyn vbergult Sanct Barbaren Bilde. . . .

Item xxxiiiten: Eyn Berlenmutter Jn Silber gefast Vnd vbergult Vff der deckenn, eyn Weyblevn Jn eym Hembde mitt eym schwartzenn Sammet Pannet. . . . .

Item xxxivten: Eyn Silbernn vergult Monstrantz vff der decken Sanct katherinen Bilde. . . .

Item xxxvten: Eyn Silbernn vergult Monstrantz mitt eym guldenn Catherinenn Bilde. . . .

Item xxxviten: Eyn cleyn Silbernn vbergult Monstrenzleyn mitt eym gewundenen Vnd Buchichtem Brillenn. . . . .

Item xxxviiten: Eyn Silbernn Vbergult Creutz mitt eym Cleynenn ronden Brill. . . .

Item xxxviiiten: Eyn Rondt Silbernn Pacem mit evner vbergulten erhobenen Passion, Hynden ein sehr grosse Berlenmutter. . . .

Item xxxixten: Eyn Silbernn Cleynot oben mitt eynem vergultenn Creutze, vff der seyten Sanct Catherinen Bilde gestochen. . . . .

Item xxxxten: Eyn rondt Cristallenn Cleynot, oben mitt eym Cristallenn Creutz, alles Jnn silber gefast vnnd vergult. . . . .

Item xliten: Eyn ander Cleyners silbernn rondes Pacem mitt eyner Vbergulten erhobenen passion Vnd Hynden auch mitt eyner ronden Berllennmutter. . . . .

Item xliiten: Das grosse Silbernn Kestleyn Subtiler Arbeyt. . . . .

Hier fehlt ein Blatt mit dem Texte „Item xliiiten“ und der Abbildung zu „Item xliiiten“.

Item xliiiiten: Das Cleynste Silbernn Kestleyn subtiler arbeytt. . . .

Item xlvten: Eyn Armrore Sancte Wilhilden. . . . .

Item xlviten: Eyn Kanne von Cristallenn glaße. . . . .

Item xlviiten: Eyn Cristallenn glaß mitt Rother Seyden. . . . .

Item xlviiiten: Eyn ander Christallenn glaß mitt gruner Seydenn . .

Item xlixten: Eyn Cristallenn glaß mitt Brawner Seydenn. . . . .

Item lten: Eyn ander glaß von Cristallenn mitt Gehler Seydenn. . . .

Item liten: Eyn glaß obenn mitt schwartzem Sammet Zewgemacht. . . . .

Item liiten: Eyne Scheybe mitt ix Kreutzenn zew Sammen gemacht von den Heyligenn xim Junckfrawenn. . . . .

Der newnde vnnd letzte Gangk.

In dyeßer Neunde vnnd Letzten gange Wirdt Ewer liebden Vnnd antacht gezeigt. . . . .

Itum Erstenn: Eyn schon groß silbern Brustbilde S. Maria Magdalenen mitt Edelngesteynen Vnd Berlen geziret, Dyeße Stiffts mitt Patronen. . . . .

Itum Andern: Eyn Silberne gantz vergulte Monstrantz Ernesti, Welche alle donnerstage wirdt vmbhergetragenn. . . . .

Itum iiiten: Eyn grosse Silberne vergulte Taffell mitt Sanct Annen Bilde von Berlen gestickt. . . . .

Itum ivten: Eyn Cleynere gestickte Berlen Sanct Anna Taffel In Silber gefast. . . . .

Itum vten: Eyn schon groß Silbernn Sanct Annen Bilde. . . . .

Itum viten: Eyn Silbernn vbergulter Monstrantz mitt Sanct Annen Dawmen. . . . .

Itum viiten: Eyn alt Silbernn vbergult Cleynoth vff vier vergultenn Engeln. . . . .

Itum viiiten: Eyn Nyderiger steynener Serpentineßer kopff In Silber gefast vnd vbergult mitt steynen, vff der deckenn eyn atter Zeungenn. . . . .

Itum ixten: Eyn Schone grosse Breitte Silbernn Monstrantz, Im Tabernackel eyn vergult Sanct Annen Bilde vnnd sunst mitt Bielen vergultenn Bildernn. . . . .

Itum xten: Eyn Silbernn Sanct Elisabethen Bilde. . . . .

Itum xiten: Eyn schon Silbernn Sanct Helenen Bilde. . . . .

Itum xiiten: Eyn Berlen Mutter, In Silber gefast vnnd Vergult mitt konigisteinischenn Wapenn. . . . .

Itum xiiiten: Eyn ronde Elffenbeynenn Buchsse mitt vielen altgestochenen Bildern. . . .

Itum xivten: Eyn Cleyner Silbernn Arm, Der Helt deß Messer der Heyligenn Frawen Elisabeth. . . . .

Itum xvten: Eyn groß glas In Silber gefast mitt eyner Silbernn deckenn, welchs Sanct Elizabet gebraucht hat. . . . .

Itum xviten: Eyn Cleyner Glaß Inn Silber gefast mitt eyner silbernn deckenn, wechs sye auch gebraucht. . . . .

Itum xviiten: Eyn schone Cristallenn decken vbereynander gesturtzt Inn Silber gefast mitt eynem Hoen suesse obenn eyn Creutze. . . . .

Ztum xviiten: Eyn Silbernn Serchleyn mitt silbern vnnd Elffenbeynnenn Bilder, off der decken eyn Viereckicht glaß dorunder geschriebenn steht Scapula Sancte Felicitatis. . . . .

Ztum xixten: Eyn sehr schone grosse kunstliche Taffel vonn Zamahwen geschnitten In Silber gefast vnnd vbergult, Dor Innen eyn Creutz von Jacinten, mitt gestickenn flugeln vonn Berlen vnnd erhobenenn Bildern off dem altar deß Lettners der rechtenn seyttenn der xiv Nothhelffer.

Anmerkungen zu dem «Halle'schen Domschatz».

Gg. I. Zt. 1ten: Die Schenkung der goldenen Rose durch Leo X. an Cardinal Albrecht geschah am 25. Oct. 1520 (vergl. J. May a. a. O. Bd. I. Beilage XXXVI pg. 89): Alberti Archiepiscopi Moguntini ad epistolam Leonis X. Responsio, wo es also lautet : ... «Vicesimo quinto die Octobris accepi quinque brevia, qua decet, reverentia et observatione a reverendo D. Marino Caracciolo et a D. Hieronymo Aleandro, nunciis Sanctitatis Vestrae. Primo significatur, quemadmodum Sanctitas Vestra D. Caracciolo negotium dederit et abmandaverit nuncium ad Caes : Majestatem quod illum mihi gratum intellexisset, simulque *rosam auream* consecratam gratissimum munus dono mittit.» Aus dem Bamberger Breviarium entnehmen wir, dass die goldene Rose am Dominica letare während dem Gottesdienst am Altar ausgestellt war : «Domenica letare: Plenariū vt supra Sebastiani Vnd dye gantz guldene Rosse.» Im Nürnberger Register von 1540 (Anm. 8. V) ist sie nicht mehr erwähnt.

Es sei hier erwähnt, dass im Jahre 1480 bei seiner Anwesenheit in Rom, Kurfürst Ernst, Gründer der Ernestinischen Linie des sächsischen Hauses, die goldene Rose erhielt. Ferner lesen wir im Schatzregister des Baseler Münsters 1511: «Rosa aurea, cum triginta octo foliis, quinque parvis rosis, duobus modis (soll wohl nodis heissen) et tribus clipeis» (Mittheilungen der Gesellschaft für vaterländische Alterthümerkunde, Vol. IX. pg. 21). Sodann erhielt im Jahre 1518 Friedrich der Weise als besondere Auszeichnung für seine Anhänglichkeit an den alten Glauben und zur Ermunterung, an demselben festzuhalten, die goldene Rose.

Gg. I. Zt. 3ten: Mit dem Brustbilde Cardinal Albrechts II. von Brandenburg.

Gg. I. Zt. 11ten: Mit Erzbischof Ernsts von Magdeburg Wappen und der Jahreszahl 1509.

Gg. I. Zt. 14ten: Mit den Wappen Albrechts und seiner Erzbisthümer Mainz und Magdeburg, des Bisthums Halberstadt. (Zweimal quer getheilt, oben und unten zweimal, in der Mitte einmal gespalten, wodurch sich 8 Felder ergeben. An der Herzstelle ruhen drei (2 zu 1)

7

aufgestellte Schilde: Mainz, Magdeburg und Halberstadt. Die 8 Felder des Hauptschildes sind durch folgende Wappen besetzt: Erstes Feld das Wappen des Burggrafthums Nürnberg; im zweiten das des Markgrafthums Brandenburg; im dritten ein r. Greif in S.; im vierten ein r. Greif in B.; im fünften ein von R. und Gr. quergestreifter Greif in S.; im sechsten noch ein solches in S.; im siebenten das Wappen des Hauses Zollern; im achten das von Rügen.)

Gg. I. Zt. 37ten: Mit den Wappen der Erzbisthümer Mainz und Magdeburg, des Bisthums Halberstadt und des Markgrafthums Brandenburg.

Gg. I. Zt. 56ten: Mit vierfeldigem Wappen, in dessen Herzschild der sächsische Rautenkranz. Die vier Felder des Hauptschildes enthalten: 1tes und 4tes Feld Wappen des Bisthums Magdeburg; 2tes und 3tes das des Bisthums Halberstadt.

Gg. I. Zt. 66ten: Der Text im Würzburger Register von 1526 (Anm. 8. III) lautet folgendermassen: «*Gg. I. Zt. 66ten:* Eyn rondt hultzern ausgeschnitten Kestleyn mitt vbergulten silber beschlagen.»

Gg. II. Zt. 4ten: Mit dem vierfeldigen Wappen Albrechts, in dem Herzschilde die Wappen der Erzbisthümer Mainz und Mageburg und des Bisthums Halberstadt. Die vier Felder des Hauptschildes enthalten: 1) den Adler Brandenburgs, 2) den pommerschen Greifen, 3) das Wappen des Burggrafthums Nürnberg, 4) das von Zollern. Ausserdem das Bischofskreuz und einen Krummstab.

Gg. II. Zt. 5ten: Mit dem gleichen Wappen wie Gg. I. Z. 14ten; nur kommt der Cardinalshut, welcher über dem Wappen schwebt, noch dazu. Ferner findet sich die Jahreszahl 1518.

Gg. II. Zt. 13ten: Mit dem gleichen Wappen wie Gg. II. Z. 4ten. Auf einem anderen Schilde die Inschrift: «Albertus Cardinal.»

Gg. II. Zt. 15ten: Mit dem Wappen Kaiser Maximilians I. und der Jahreszahl 1510 und mit der Inschrift: Maximilian Romanorum Imperator.

Gg. II. Zt. 18ten: Durch Textvergleichung mit dem HH. 1520 Gg. II. Z. 32ten (29 Rs.) erfahren wir Folgendes: «Ein silbernn tafell mitt VIII geschmeltzten glesern. Dor Inne ist ein gantzer dorn vö der Kronen Christi, welchen babst Leo der zehend vnserm gnedigsten Herren zu Eeren Ins new Stifft geschickt. Summa 1 partickel.» Im HD., wo der Text viel länger ist, finden wir keine Erwähnung von diesem Dorn.

Gg. II. Zt. 23ten: Mit Wappen, bestehend aus sächsischem Rautenkranz.

Gg. II. Zt. 29ten: Mit Erzbischof Ernsts von Magdeburg Wappen.

Gg. II. Zt. 30ten: Mit Erzbischof Ernsts von Magdeburg Wappen, Bischöfliches Kreuz und der Jahreszahl 1492.

Gg. II. Zt. 31ten: «Diese güldene Creutz samt einer silbern Tafel mit Heyligthum, so die im ersten Gange Zt. 22ten zu seyn scheint, hat Cardinal Albrecht von Markgraf Casimir zu Brandenburg und

Onoltzbach erhalten.» (Dreyhaupt a. a. O. I. 858.) Die Quelle gibt Dreyhaupt nicht an. Gegen diese Behauptung spricht: 1) Das Kreuz trägt kein Wappen, was doch wohl zu erwarten wäre, 2) kann Dreyhaupt die silberne Tafel mit IIH. 1520 Gg. I. Z. 22ten nicht identificiren, weil es da heisst: «Gg. I. Ztum zwey und twenzigsten die grüne gemalte tafell» etc.

Gg. II. Zt. 32ten: Wir erfahren durch das Bamberger Breviarium, dass diese Monstrantz bei folgenden Festlichkeiten gebraucht worden ist: I) Spinee corone domini: Plenariu ut supra Sebastiani. Die grosse silbern Monstrantz cum spinis .... Das guldene cleynoth mit dem stamm Jesse. Der clein silbern Saluator mitt den heyligen funff Wunden. Das Alabaster *Monstrenzlein cum Spina* . . . II) Eusebij Martyris: Zew der messe de spinea corona domini. Die grosse silberne Monstrantz mit den dornen. Das silbern cleynoth Erzbischoff Ernsten, daryn auch eyn dorn enthalten wirdet. Vnd das *Alabaster Monstrenzeleyn* cum spina Welches Bebstliche Heyligkeit hierher gegeben. III) Bona Sexta feria. In altari sancte Crucis . . . Die cleyne silbern Monstrantz Ernesti cum spina sponte divisa. Vnd das *Alabaster Monstrenzlein cum Spina*... (Im Nürnberger Register 1540 pg. 146 Z. 32—36). IV) Octaua Visitationis Marie . . . Vnd das Alabaster Monstrentzlyn.

Gg. II. Zt. 33ten: Nürnberger Register 1540 pg. 146 Z. 37—40.

Gg. II. Zt. 37ten: Mit Erzbischof Ernsts von Magdeburg Wappen. Gegenstand abgebildet bei C. Becker und J. v. Hefner: Kunstwerke und Geräthschaften des Mittelalters und der Renaissance. Frankfurt a. M., Keller 1852. Bd. I, Taf. 7.

Gg. II. Zt. 39ten: Mit Erzbischof Ernsts von Magdeburg Wappen. Am Sargdeckel: E. H. Z. I. Z. S. P.

Gg. II. Zt. 40ten: Der Text im Würzburger Register von 1526 (Anm. 8. III) lautet: «Eyn guldenn Taffell mitt Steynen vnd Berlen vnd dem Stamm Jhesse.»

Gg. II. Zt. 45ten: Durch Texvergleichung mit HH. 1520 Gg. II. Zt. 30ten erfahren wir, dass dies «klein gulden schiff mit Perlen v̄n edelngesteynen | welche Keiser Maximilian seliger gedechtnus Ertzbischofwen Erneste löblicher gedechnus geschanckt» hatte.

Gg. II. Zt. 53ten: Mit dem gleichen Wappen wie IID. Gg. I. Zt. 56ten. Bischöfliches Kreuz kommt noch dazu.

Gg. III. Zt. 2ten: Mit den vereinten Wappen Kaiser Maximilians I. und seiner Gemahlin Bianca Maria Sforza und der Kaiserkrone darüber. Ausserdem finden sich B. L. und M. A. Buchstaben (BL. NA.), welche für Bianca Maria (Blanca Maria) sprechen; da sich im Gebetbuch der Kaiserin neben dem Wappen rechts BL. M. befindet, ferner auch auf ihrem Portrait, welches sich im Besitze des Graveurs Herrn J. Seitz zu München befand, auf ihrem Kleide MB. gestickt findet, so wird unser Monogramm für Blanca Maria zu erklären sein. Die Kaiserin liebte entweder das Wappen oder das Monogramm überall anzubringen (vergl. Jahrbücher der kunsthistorischen Sammlungen des allerhöchsten Kaiserhauses. Wien 1886, Bd. IV. pg. 58). Da die Gemahlin Kaiser Maximilians I. bereits am 11. Dezember 1511 zu Innsbruck verstarb, so ist es kaum anzunehmen, dass sie persönlich dieses Geschenk Alb. II. schenkte, vielmehr müssen wir glauben, dass der Kaiser ihm diesen Gegenstand zum Andenken an seine Gemahlin an Erzbischof Ernst von Magdeburg schenkte.

Gg. IV. Zt. *12ten:* Mit vielen M. und B. Buchstaben.

Gg. V. Zt. *2ten:* Der Text im Würzburger Register von 1526 (Anm. 8. III) lautet: «Eyn Silbernn viereckicht vergult Monstrantz.»

Gg. V. Zt. *7ten:* Mit dem Wappen Erzbischof Ernsts von Magdeburg.

Gg. V. Zt. *8ten:* Dessgleichen.

Gg. V. Zt. *14ten:* Mit kursächsischem Wappen.

Gg. V. Zt. *15ten:* Mit dem Wappen der Stadt Halberstadt.

Gg. V. Zt. *17ten:* Mit Herzog Georgs des Reichen Wappen und der Inschrift H. Jorg 1502.

Gg. V. Zt. *19ten:* Mit Erzbischof Ernsts von Magdeburg Wappen.

Gg. V. Zt. *23ten:* Dessgleichen.

Gg. VI. Zt. *1ten:* Der Text im Würzburger 1526 Register lautet: «Eynen grossen schonen silbern vnd vergulten Sarch, der stehet vffen hoch altar zur Der linken seytten desz Bildes der Barmhertzigkeit.»

Gg. VI. Zt. *3ten:* Bei Dreyhaupt a. a. O. I. 847 finden wir folgende Bemerkung: «Das Kloster zu St. Moritz (Halle a. S.) wurde eingezogen, Albrecht liess die in selbigem befindlichen Heiligthümer und Kostbarkeiten, unter welchen sonderlich ein schweres silbernes Saluatorbild und des heiligen Moritz Bildnisz war, am St. Marcustage, den 25. April 1520. in Begleitung des Probsts und Convents zu St. Moritz, in Procession auf die Moritzburg tragen und hernach von derselben in die neue Stiftskirche.»

Gg. VI. Zt. *6ten:* Den Leib des heiligen Erasmus schenkte das Kloster U. L. Frauen an die Stiftskirche in Halle.

Gg. VI. Zt. *8ten:* Mit den Wappen der Erzbisthümer Mainz und Magdeburg und dem des Markgrafthums Brandenburg.

Gg. VI. Zt. *10ten:* Der Text im Würzburger Register 1526 lautet: «Eyn vergulter Sarch mitt glase durchsichtig.»

Gg. VI. Zt. *13ten:* Mit dem gleichen Wappen wie HD. Gg. I. Z. 14ten und Schwert.

Gg. VI. Zt. *14ten:* Mit dem gleichen Wappen wie HD. Gg. II. Z. 4ten.

Gg. VI. Zt. *16ten:* . . . «hat Babst Julius Erzbischoff Ernesten gegeben. . . .»

Gg. VI. Zt. *21ten:* Mit 2 Wappen: 1) vierfeldiges Wappen: Feld 1 und 4: Wappen des Erzbisthums Magdeburg; 2 und 3: das des Bisthums Halberstadt. 2) Wappen mit sächsischem Rautenkranz.

Gg. VI. Zt. 29*ten*: Der Text im Würzburger Register 1526 lautet: «Eyn gross Sylbernn cleynot wye eyn knopff mitt vill Augen, vff der Decken Sanct Pancratius Brustbilde.»

Gg. VI. Zt. 31*ten*: Mit kursächsischem Wappen.

Gg. VI. Zt. 32*ten*: Mit der Jahreszahl 1516.

Gg. VI. Zt. 36*ten*: Mit H Zeichen und dem Wappen der Stiftskirche in Halle.

Gg. VI. Zt. 38*ten*: Mit 2 Wappen: 1) Das des Erzbisthums Magdeburg. 2) Das des Grafen Friedrich von Beichlingen.

Gg. VI. Zt. 46*ten*: Mit verschlungenen N. S. oder N. T. und Krone darüber.

Gg. VI. Zt. 47*ten*: Mit gleichem Wappen wie HD. Gg. II. Zt. 4ten. Ausserdem Krummstab, bischöfliches Kreuz und Schwert.

Gg. VI. Zt. 50*ten*: Mit 2 Wappen: Das erste ist gleich HD. Gg. II. Z. 4ten; das zweite ist das des Erzbischofs Ernst von Magdeburg. Ausserdem finden sich beim ersten zwei bischöfliche Kreuze und Krummstab; beim zweiten ein bischöfliches Kreuz.

Gg. VI. Zt. 57*ten*: Wappen fehlt.

Gg. VII. Zt. 2*ten*: «.... Diese obengeschriebenen Reliquien allesampt seyndt durch Babst Eugenium den dritten Im dritten Jhare seyner regierung (regierte von 1145—53) In den Hoen Altar S. Mathias Closter von Trier mitt eygening Henden gelegt, do szyne heyligkeit denselben Altar consacriret Anno dmi MI°XLVIII, welchs Heiligthumb itzt regierenden Bischoff zew Trier mitt sampt anderen trefflichen reliquien wye ewer andacht noch horen werdet zur sunderlichen freundschaft unsern gnäte Hrn. den Cardinal vnd Ertzbichown zew Magdeburgk vnd Meintz Vnd für chre diesser Stifftkirchenn alhieher geschickt hat.» (Aus dem Texte des Halle'schen Domschatzes Gg. VIII. Z. 2ten.)

Gg. VII. Zt. 3*ten*: Mit der Inschrift: «Ernest P. Fundato Ecclesie Äno MCCCCV.»

Gg. VII. Zt. 4*ten*: Dieses ist der silberne Sarg, in welchem unter andern: «Das haubt und der cörper des heiligen Rabani» aufbewahrt wurden. Früher befanden sich die Gebeine des Rhabanus Maurus zu St. Urban in Mainz; Albrecht liess diese 1515, da er fand, dass man die Gebeine der Bischöfe wenig ehrte, «unter grosser Feierlichkeit in der Moritzburg beisetzen». (Vergl. J. H. Hennes, a. a. O. pg. 18.)

Gg. VII. Zt. 8*ten*: Mit dem gleichen Wappen wie HD. Gg. II. Z. 4ten.

Gg. VII. Zt. 10*ten*: Mit dem Wappen Kaiser Maximilians I.

Gg. VII. Zt. 14*ten*: M. d. gleichen Wappen wie HD. Gg. II. Z. 4ten.

Gg. VII. Zt. 15*ten*:   »   »   »   »   »   »   »

Gg. VII. Zt. 16*ten*:   »   »   »   »   »   »   »

Gg. VII. Zt. 17*ten*:   »   »   »   »   »   »   »

Gg. VII. Zt. 18*ten*:   »   »   »   »   »   »   »

«Dieses S. Ulrichs Bild hat vorher in der S. Ulrichs Kirche zu Halle
gestanden. und ist zu Erzbischof Günthers Zeiten verfertiget worden,
da es dann dessen Vicarius in Pontificalibus, Petrus Bischoff zu Bersaba
in partibus infidelium geweyhet. und Ablasz darzu ertheilt den 14. Sept.
1428.» (Dreyhaupt, a. a. O. I. 870.) Jedenfalls ist zu bemerken, dass
der Stil auf ein Werk vom Anfang des XV. Jahrhunderts hinweist, und
dass sich das Wappen Albrechts darauf findet.

    Gg. VII. Zt. 31ten: Am Fusse steht: Sifrid Salemarth.

    Gg. VII. Zt. 34ten : Der Text im Würzburger Register 1526
lautet: «Eyn Silbernn Cleynot mitt dreyen buchssen vill
vergulten Patronen vnd eym hoen durchbrochenenn
fusslen.»

    Gg. VIII. Zt. 3ten: Undeutliches Wappen. Protestantische Theo-
logen behandeln diesen Sarg mit besonderer Vorliebe, und ohne irgend
welchen Beweis wird angenommen, dass derselbe den Körper einer
gewissen Magdalena, Margarethe oder Ursula Rüdinger, der sogenannten
Geliebte des Cardinals, enthalte.

    Er ist im Halle'schen Domschatz Abb. 273, ferner in HH. 1520
96 Rs. abgebildet; das Original bewahrt noch die Stiftskirche in
Aschaffenburg und bildet den einzigen übrig gebliebenen Gegenstand
der Halle'schen Heiligthümer. Seit Vogt (Rheinische Geschichten und
Sagen, Frankfurt a. M. 1836. Bd. IV. pg. 35) bis in unsere Tage hinein
beschäftigt man sich viel mit diesem Sarge — er wird kurz der Margarethensarg genannt, und keiner von denen, die das Thema behandelten
und sich die unnütze Mühe gaben, über jedes heilige Partikelchen des
Heiligthums sich auszulassen, hat sich zur Aufgabe gemacht, den Text
zu dem Sarge durchzulesen; er lautet (HH. 1520 96 Rs.): «Ein langer
ubergulter Sarch | Darinne leyt der gantz cörper der heiligē Margarethe
| ausz der gesellschaft sancte Ursule. Der Cörper sancte Juliane. Vnd
sunst ein cörper aus derselben gesellschafft. Der Cörper der heiligen
Junfrawen Aldegunde Vnd der Cörper der heiligen Anastasie. Summa
V partikel.» Also dieser Sarg enthält eine Reihe von Körpern aus
der Gesellschaft der heil. Ursula, darunter auch den der heil. Margaretha, welche zu den 11,000 gehörte — und weil der Cardinal eine
Geliebte gehabt hat, deren Namen aber nicht einmal festzustehen
scheint, indem sie manchmal Margaretha, manchmal Ursula genannt
wird, so möchte man ohne Begründung und Beweis einen im Sarge
enthaltenen Körper mit dem der Geliebten Albrechts identificiren!
Es ist gewiss nur eine Erfindung, wenn man glaubt, dass der Cardinal
seine eigene Geliebte in der Kirche verehren liess. Endlich erscheint
es höchst blasphemisch anzunehmen, dass der Cardinal seine Geliebte,
welche nur wenige Jahre vorher verstorben war, ausscharren und ihre
Gebeine als heilige Reliquie verehren liess! Die ganze Geschichte des
Margarethensarges ist sagenhaft, legendarisch, und ein Stück der Ent-
wickelung davon können wir auch verfolgen. Bekanntlich ward dieser
Sarg von dem Cardinal nach Aschaffenburg, seinem Lieblingsaufenthalt,

übergeführt und daselbst in der Stiftskirche aufgestellt. Noch im Jahre 153ఎ finden wir ihn in Halle, was wir aus dem Bamberger Breviarium erfahren, wo es heisst: 1) «Vndecim milium virginem: Prepulsatio maior . . . Das silberne Brustbilde S. Agalisen. Die vbergulte Monstrantz mit eyner Kronen, daryn stehen auch perlen. Die cristallen kann. Das glasse der elff tausend Junffrawen. Die scheibe mitt yren Kreutze. In medio autem ecclesie der gross sarck mit dem corper S. Margarethen ex eadem societate. Vnd der silbern vorgult, vnd so vff dem hohen altar stehet, mit yren liechtenn» etc. 2) «Dedicationis Ecclesie: Prepulsatio maior. Die 12 Plenaria vnd die 4 Brustbilder der Patronen. Spätere Randbemerkung: nota vexillum sancti mauricij vnd dy andere fhanen. In summo Altari vnd letner et corpus margarethe et maior argentea crux deaurata cum berillis.» 3) «Anastasie virginis: X Plenaria, vt supra Circumcisionis domini, vnd der lange vbergulte Sargk cum corpore sancte Margarethe in medio Ecclesie. Et in summo altari die silbern vorgulte Monstrantz cum Reliquiis sancte Anastasie.» 4) «Aldegundis virginis: Plenaria vt supra Circumcisione domini. Vnd der lange vbergulte sargk cum corpore sancte Margarethe in medio ecclesie. Vnd die silbern Monstrantz cum reliquiis eius.» — Dann liess der Cardinal in der Vischer'schen Werkstatt jenen prächtigen, wenn auch etwas schwerfälligen Baldachin in Renaissansestil (Vergl. Kittel, die Bauornamente aller Jahrhunderte u. s. w. Programm der k. b. Landwirthschafts- und Gewerbeschule zu Aschaffenburg. Aschaffenburg 1843—68. Lief. 14) machen, unter welchem einst dieser vergoldete hölzerne Sarg stand; jetzt ist der Sarg (welcher an den Längsseiten aus Glas besteht, so dass die Skelette sichtbar waren und sind) auf den Baldachin gestellt. An der unteren Seite der Deckplatte des Baldachins findet sich ausser der Jahreszahl 1536 und einem Spruch des Psalmisten «ein Herz mit einer Stichwunde», und da behauptet Becker (Kunstblatt 1846 pg. 138), das sei ein Symbol eines verwundeten Herzens. Es müsste also das Symbol des Herzens der Rüdinger sein!! Nun befindet sich aber in derselben Stiftskirche im hohen Chor eine aus Erz gegossene Grabplatte Cardinal Albrechts (Opus petri fischer norimberge 1525). Da sagt Albrecht Wolters in seiner angeführten Schrift, dass der Sarg in der Nähe der Grabplatte Albrechts aufgestellt war und Hugo Albertz (Der Dom und die Domgemeinde zu Halle a. S., 1888, pg. 64) geht sogar soweit, dass er sagt, «den (Margarethensarg) Albrecht später neben seinem eigenen, von ihm selbst erbauten Grabe in Aschaffenburg aufstellen liess.» Jedermann weiss, dass Albrecht sich in Aschaffenburg kein Grab erbauen, sondern nur die oben erwähnte Erzplatte aufstellen liess. Wie hätte sich denn dort Albrecht ein Grab erbauen lassen können, da doch nach althergebrachter Sitte die Erzbischöfe von Mainz in dem Dome daselbst ihre Begräbnisstätte hatten. Wir sehen also, wie binnen wenigen Jahren — ich meine von 1877 (Wolters) bis 1888 (Albertz) — die Legende sich entwickelt hat. Wenn Albertz sich gründlicher mit den Heiligthümern der Stiftskirche beschäftigt

hätte, hätte er erfahren, dass der Cardinal die Reliquien der 11,000
Jungfrauen hoch verehrte; wissen wir doch, wie wir oben gesehen,
dass später die h. Ursula Mitpatron der neuen Stiftskirche in Halle
war. Er besass unter anderem jenes herrliche silberne Brustbild der
h. Ursula (HD. Gg. VIII. Z. 4ten); er hatte auch in Köln a. Sp. ein
Collegiatstift gegründet. und in dem Siegel des Stiftsherrn war ausserdem heil. Mauritius noch die heil. Ursula abgebildet.

Gg. VIII. Zt. 4ten: Gleiches Wappen wie HD. Gg. I. Zt. 14ten.
Ausserdem drei Bischofshüte. Ueber dem Ganzen schwebt der Cardinalshut.

Gg. VIII. Zt. 5ten: Der Text im Würzburger Register 1526
lautet: «Eyn Silbern brustbilde Sancte Marthe getziert
mitt eyner Vergulten Cronen.»

Gg. VIII. Zt. 21ten: Es ist dies der Kopf der heiligen
Barbara, welcher bei Dreyhaupt (a. a. O. I, 905) Erwähnung findet.
Da derselbe für uns von Wichtigkeit ist, sei hier gestattet, die Schen-
kungsurkunde wiederzugeben: «Wir hirnach geschrieben, Blasius Abt,
Hinricus Prior, Mattheus senior vnd gantze Versamelung des Closters
zu Hillersleuen, Bekennen vor Vns vnd vnsere nachkommen gegen
allermenniglich, nachdem wir befunden, das der Hochwirdigst in gott
vater Durchlauchtigster Hochgeborner Furst und Herr, Herr Albrecht,
Römischer Kirchen des Titel sancti Petri ad vincula priester Cardinal,
Ertzbischoff zu Magdeburg vnd Meintz etc. Vnser gnedigster Herr zum
Dienst Gottes des almechtigen vnd erwiederunge seiner heyligen sunderlich andacht hat, welchs sein churfürstlich Gnade mit erhebung vnd
begifftigung einer Stifftskirche in der Statt zu Halle, darein sein chur-
furstlich Gnade nicht allein aus Welschen, sundern auch teutschen
Landen, manichfaltiges Hochwirdiges Heiligthumb vnd Zierde Zusam-
menbracht, ertzeiget vnd beweiset, Haben wir obgenannte Apt, prior,
Senior, vnd gantzes Convent zu Hertzen gefuhret das uns als seiner
churfurstlichen Gnaden vnterthänigen Caplan vnd hintersassen auch
getziemen vnd zustehen wolte, seiner Churfürst. Gnaden andacht vn-
derthenigl zu vornehmen, Vnd darauff mit zeitigem Rathe, wohlbe-
dechtig vnd sunderlicher Wissenschaft seiner Churfurstlichen gnaden
das Haupt der heyligen Junckfrawen sanct Barbara in
silber vbergult gefaszt neben einem Kestlein Heiligthumbs mit Silber beschlagen, darumb das demselbigen Heyligthumb bei S. C. G. Kirchen zu Halle meher erwirde denn in vnserm
Closter geschehe, in aller unterthenigkeit eintrechtig zugestellt vnd
solichs Heyligthumb mit jrem Geschmuck vorehret, Als wie es auch
S. C. G. hiermit vnterthäniglich zustellen vnd vorehren, Des zu Ur-
kunde vnd nehern Bekentnis haben wir Vnser Eptey vnd Closters
Sigill an dissem brieff wissentlich hengen lassen, Der gegeben ist zu
Hillersleben nach Christi vnsers Herrn geburt, Im funfftzehen
hundert vnd drey vnd twentzigsten Jhare nach Visitationis
Marie Virginis gloriosissime (3. Juli 1523). — Im Würzburger Register

1526 finden wir diesen Gegenstand unter Gang VIII. Z. 21ten; im Bamberger Breviarium 1532 wird dieser Barbarakopf erwähnt bei dem Feste: «Barbare virginis: Plenariu vt supra Sebastiani. Die vbergult Monstrantz cum dentibus sancte Barbare vnd eyn silbern vorgult haupt.» Noch im Nürnberger Register 1540 finden wir ihn auf pg. 141 Z. 32—pg. 142 Z. 3 verzeichnet. Vergl. ferner betreff des Barbara-kopfes Prof. D. W. Neumann: «Der Reliquienschatz des Hauses Braunschweig-Lüneburg.» Wien, A. Hölder 1891, pg. 217.

Gg. VIII. Zt. 25ten: Mit Cardinalshut und folgender Inschrift: Cardin. Archiep̄. Magdeb.

Gg. VIII. Zt. 43ten: Der Text im Würzburger Register 1526 lautet: «Das mittlere Silbernn Kestleyn Subtiler Arbeit.»

Gg. VIII. Zt. 52ten: Der Text ist gewiss verschrieben. Richtiger steht er im Bamberger Breviarium a. a. O. pg. 32: «Die schrebe (sollte Scheibe heissen) mit yren kreutzen.»

Gg. IX. Zt. 1ten: Mit Erzbischof Ernsts von Magdeburg Wappen und der Jahreszahl 1513.

Gg. IX. Zt. 2ten: Mit Erzbischof Ernsts von Magdeburg Wappen.

Gg. IX. Zt. 3ten: Mit dem gleichen Wappen wie HD. Gg. II. Zt. 4ten. Ausserdem Krummstab, bischöfliches Kreuz und Cardinalshut.

Gg. IX. Zt. 6ten: Mit dem gleichen Wappen wie HD. Gg. II. Zt. 4ten. Ferner zwei bischöfliche Kreuze und Krummstab.

Gg. IX. Zt. 11ten: Mit dem gleichen Wappen wie HD. Gg. II. Zt. 4ten.

Gg. IX. Zt. 12ten: Vergl. «Neues allg. deutsches Adels-Lexicon», herausgegeben von Prof. D. E. H. Kneschke. Bd. III, pg. 130 s.

Gg. IX. Zt. 19ten: Mit 2 Wappen: 1) Gleiches Wappen wie HD. Gg. I. Zt. 14ten. Ausserdem Cardinalshut; 2) Wappen der Stifts-kirche zu Halle a. S. (Vergl. Dreyhaupt, a. a. O. I, 903 s. N° 269.) Da heisst es also: «Kaisers Caroli V. Confirmation der Verträge und Artikul, die der Cardinal Albertus mit dem Dom-Kapitel und Rath zu Halle, wegen des neuen Stiffts, errichtet, samt Ertheilung eines Wappens; d. 14. May Ao 1521. E. Chartular. Eccles. Colleg. . . . . . Preterea Decano & capitulo prenominate ecclesie hec Arma & insignia, videlicet Clypeum, cujus campum celestini coloris crux aurei seu crocei coloris in extremitatibus suis bifurcata, in cujus medio sunt insignia inclite familie Brandenburgensis, videlicet scutum albi seu argentei coloris, in se aquilam rubram ut consueverunt deferre, continens, in quatuor equales partes dividit, quarum superior ad dextram tres pixides, quas alabastra vocant, Et inferior ad sinistram totidem pixides, Superior autem ad sinistram et inferior ad dextram partes, tria salina viminea in se continent, eumdemque clypeum a dextro sancti Mauricii, a sinistro autem latere dive Magdalene jmagines servant, Preposito vero pro insignibus prepositure sue eisdem per omnia, superimposita tamen Clypeo Infula, pro intersignis sive divisione, prout opificis artificio et manu in presentibus depicta sunt, de cetero perpetuis futuris temporibus

deferenda, gerenda & illis in suis negotiis, supellectili, actibusque solitis
& consuetis concessimus & elargiti sumus ac tenore presentium conce-
dimus & elargimur . . . Datum in civitate nostra Imperiali Wormatia
die decima quarta Mensis May, Anno domini Millesimo quingentesimo
vicesimo primo, Regnorum nostrorum Romani Secundo, ceterorum
vero Sexto . . .» Dieses Wappen kehrt auch wieder auf dem Titel des
Halle'schen Heiligthumsbuches von 1520 und ist bis jetzt vollkommen
unbeachtet geblieben. Wir haben hier einen höchst interessanten, aber
auch merkwürdigen Fall vor uns ; die Wappenverleihungsurkunde ist
vom 14. May 1521 und das Wappen kommt bereits auf dem Titelblatt
des im Jahre 1520 gedruckten Halle'schen Heiligthumsbuches vor. Diese
Thatsache beweist uns nur die intimen Beziehungen Cardinal Albrechts
zu Karl V. Wir wissen z. B., dass, als der König nach den Krönungs-
feierlichkeiten (20. Oct. 1520) in seinen Palast zurückgekehrt war, der
Kurfürst von Mainz — zu seiner Rechten der Kurfürst von Köln, zur
Linken der von Trier — dem Könige sich nahte, und Cardinal Albrecht
legte die Reichssiegel auf die Tafel. Der König gab sie dem Kurfürst
zurück, der sie um den Hals hing und den ganzen Tag nicht ablegte.
Nach der Tafel zog sich der König in seine Gemächer zurück. «Der
Kurfürst von Mainz sandte sogleich die oben erwähnten, an silbernem
Stab hängenden Reichssiegel nebst dem prächtigen weissen Ross, das
er geritten, dem Könige. Dieser schickte sie zurück und liesz ihm
sagen, keinem könne er sicherer die Siegel anvertrauen, als dem Kur-
fürsten von Mainz, dessen Treue sich so erprobt habe.» (Vergl. Hennes,
a. a. O. pg. 130 s.) — Cardinal Albrecht hat gewiss selber das Wappen
vorgeschlagen und ohne die kaiserliche Bestätigung abzuwarten, dasselbe
bereits 1520 auf dem Titelblatte des Halle'schen Heiligthumsbuches an-
bringen lassen.

Die Wappen zu Gg. I. Zt. 2ten. 43ten; Gg. II. Zt. 24ten, 27ten;
Gg. III. Zt. 10ten, 16ten; Gg. V. Zt. 1ten, 4ten. 6ten, 9ten, 13ten; Gg. VI.
Zt. 9ten, 28ten, 34ten, 35ten. 38ten; Gg. VII. Zt. 6ten; Gg. VIII. Zt.
39ten, konnten leider mit Sicherheit nicht ermittelt werden.

Vergleichende Register: I und II.

Bemerkungen zu den vergleichenden Registern.

Das erste vergleichende Register zerfällt in 5 Abtheilungen:
1) Sogen. Mainzer Domschatz oder Halle'scher Domschatz.
2) Halle'sches Heiligthumsbuch von 1520.
3) Würzburger Register von 1526.
4) Nürnberger Register von 1540.
5) Halle'sches Heiligthumsbuch von 1520. Ausgabe Hirth. München 1889.

Bei Abtheilung I und II giebt wiederum die erste Columne die Nummer des Ganzen und des Textes an, d. h. die fortlaufende Nummer der Gegenstände eines jeden Ganges. Die zweite Columne der I. Abtheilung gibt uns die fortlaufende Nummer der Abbildungen der Gegenstände an, wobei 71 und 121, wie ersichtlich, je 2 Abbildungen erhalten. Die zweite Columne in der II. Abtheilung giebt uns die Seiten an, auf denen die Abbildungen sich befinden. Wenn wir diese beiden Abtheilungen neben einander betrachten, so bekommen wir eine Uebersicht darüber, welche Gegenstände sowohl in dem Halle'schen Domschatz als auch in dem Halle'schen Heiligthumsbuche von 1520 verzeichnet und abgebildet sind.

Die III. Abtheilung bedarf keiner näheren Erklärung, es wird ersichtlich sein, dass ihre Angaben mit der ersten Columne der I. Abtheilung übereinstimmen, mit dem einzigen nichtssagenden Unterschied, dass im Gang VI zwischen „Ztum 8ten" und „Ztum 9ten" ein „Ztum 8ten" vorkommt, so dass im VI. Gange von nun an die Nummer im Würzburger Register um eins zurück-

bleibt; vom VII. Gange an aber tritt wieder vollkommene
Uebereinstimmung in der Aufzählung beider Register ein. Dieser
kleine Fehler beruht offenbar auf einem Versehen des Verfertigers
des Würzburger Verzeichnisses.

Wenn wir die IV. Abtheilung mit der ersten Columne der
I. Abtheilung oder, was das gleiche ist, mit der III. Abtheilung
vergleichen, so ersehen wir daraus, welche von den im Halle'schen
Domschatze erwähnten Gegenständen 1540 nach Halle übergeführt
worden sind.

In der V. Abtheilung ist die Seitenzahl der Holzschnitte in
Hirth's „Halle'sches Heiligthumsbuch von 1520" angeführt, soweit
sie Gegenstände abbilden, die im Halle'schen Domschatz abgebildet sind.

Der Vollständigkeit halber schliesst sich an dieses Ites vergleichende Register noch ein IItes an. Dasselbe besteht aus zwei
Abtheilungen. Die erste, welche in zwei Columnen nach dem
Schema des ersten Registers Abtheilung II getheilt ist, führt uns
diejenigen Gegenstände mit kurzem Text, d. h. Weglassung des
hagiologischen Theiles des Halle'schen Heiligthumsbuches von 1520
vor Augen, welche im Halle'schen Domschatz weder verzeichnet
noch abgebildet sind. Die II. Abtheilung gibt die Seitenzahl
derjenigen Holzschnitte in Hirth's „Halle'sches Heiligthumsbuch von
1520" an, soweit sie Gegenstände darstellen, die im Halle'schen
Domschatz nicht abgebildet sind.

REGISTER I.

sog. Mainzer Domsch. : Text.	Ab-bildung.	H.H. 1520 : Text.	Ab-bildung.	W.R. 1526 : Text.	N.R. 1540 : Text.	Hirtb : Ab-bildung.
Gg. I. Zum 1.	1	Gg. I. Zum 1.	3 Sts.	Gg. I. Zum 1.		
» » 2.	2			» » 2.	pg. 130, Z. 16-35.	
» » 3.	3			» » 3.	pg. 132, Z. 39- pg. 133, Z. 24.	
» » 4.	4			» » 4.		
» » 5.	5			» » 5.		
» » 6.	6			» » 6.		
» » 7.	7	» » 3.	4 Sts. (o)	» » 7.		
» » 8.	8	» » 4.	4 Sts. (u)	» » 8.		
» » 9.	9			» » 9.		
» » 10.	10	» » 5.	4 Rs.	» » 10.		pg. 7
» » 11.	11	» » 6.	5 Rs.	» » 11.		pg. 28
» » 12.	12	» » 7.	6 Sts.	» » 12.		pg. 8
» » 13.	13	» » 21.	12 Sts.	» » 13.		pg. 83
» » 14.	14	» » 22.	12 Rs.	» » 14.		
» » 15.	15	» » 23.	13 Rs.	» » 15.		
» » 16.	16			» » 16.		
» » 17.	17			» » 17.		
» » 18.	18			» » 18.		
» » 19.	19	» » 24.	14 St.	» » 19.		
» » 20.	20	» » 26.	15 St.	» » 20.		
» » 21.	21	» » 25.	14 Rs.	» » 21.		pg. 36
» » 22.	22			» » 22.		
» » 23.	23			» » 23.		
» » 24.	24	» » 27.	15 Rs.	» » 24.		
» » 25.	25			» » 25.		
» » 26.	26	» » 8.	6 Rs.	» » 26.		pg. 9
» » 27.	27			» » 27.		
» » 28.	28			» » 28.		
» » 29.	29			» » 29.		
» » 30.	30			» » 30.		
» » 31.	31			» » 31.		
» » 32.	32			» » 32.		
» » 33.	33			» » 33.		
» » 34.	34			» » 34.		
» » 35.	35			» » 35.		
» » 36.	36			» » 36.		
» » 37.	37	» » 10.	7 Rs.	» » 37.	pg. 139, Z. 33-37.	pg. 10
» » 38.	38			» » 38.		
» » 39.	39			» » 39.		
» » 40.	40			» » 40.		

sog. Mainzer Domsch.:		H.H. 1520:		W.R. 1526:	N.R. 1540:	Hirth:	
Text.	Abbildung	Text.	Abbildung	Text.	Text.	Text.	Abbildung
Gg. I. Zum 41.	41				Gg. I. Zum 41.		
» » 42.	42				» » 42.		
» » 43.	43				» » 43.		
» » 44.	44				» » 44.		
» » 45.	45				» » 45.		
» » 46.	46				» » 46.		
» » 47.	47				» » 47.		
» » 48.	48				» » 48.		
» » 49.	49				» » 49.		
» » 50.	50	Gg. I. Zum 11.	8 Sts.		» » 50.		
» » 51.	51				» » 51.		pg. 11
» » 52.	52	» » 18.	11 Sts.		» » 52.		pg. 14
» » 53.	53	» » 17.	10 Rs.		» » 53.		pg. 13
» » 54.	54	» » 16.	10 Sts.		» » 54.		pg. 12
» » 55.	55	» » 14.	9 Rs. (o)		» » 55.		
» » 56.	56	» » 15.	9 Rs. (u)		» » 56.		
» » 57.	57				» » 57.		
» » 58.	58	» » 28.	16 Sts.(o)		» » 58.		pg. 16
» » 59.	59	» » 12.	8 Rs.		» » 59.		
» » 60.	60	» » 19.	11 Rs.(o)		» » 60.		
» » 61.	61	» » 20.	11 Rs.(u)		» » 61.		
» » 62.	62				» » 62.		
» » 63.	63				» » 63.		
» » 64.	64				» » 64.		
» » 65.	65				» » 65.		
	66				» » 66.		
» » 67.					» » 67.		
» » 68.	67				» » 68.		
» » 69.	68				» » 69.		
» » 70.	69				» » 70.		
» » 71.	70				» » 71.		
» » 72.	71				» » 72.		
» » 73.					» » 73.		
Gg. II. Zum 1.	72				Gg. II. Zum 1.		
» » 2.	73				» » 2.	pg. 147, Z. 1-7.	
» » 3.	74				» » 3.		
» » 4.	75	Gg. II. Zum 2.	18 Sts.		» » 4.		
» » 5.	76	» » 4.	10 Sts.		» » 5.	pg. 149, Z. 10-29	
» » 6.	77	» » 3.	18 Rs.		» » 6.		
» » 7.	78				» » 7.		
» » 8.	79				» » 8.		
» » 9.	80				» » 9.		
» » 10.	81				» » 10.	pg. 149 Z.3—	
» » 11.	82	» » 6.	20 Rs.		» » 11.		
» » 12.	83	» » 7.	21 Sts.		» » 12.		
» » 13.	84	» » 8.	22 Sts.		» » 13.		
» » 14.	85				» » 14.		
» » 15.	86	» » 9.	22 Rs.		» » 15.		
» » 16.	87				» » 16.		

sog. Mainzer Domsch. :		H.H. 1520 :		W.R. 1526 :	N.R.1540 :	Hirth :
Text	Abbildung	Text	Abbildung	Text	Text	Abbildung
Gg. II. Z. 17.	88			Gg. II. Z. 17.	pg. 131, Z. 8-16.	
» » 18.	89	Gg. II. Z. 22.	29 Rs.	» » 18.		
» » 19.	90			» » 19.		
» » 20.	91			» » 20.		
» » 21.	92			» » 21.		
» » 22.	93			» » 22.	pg. 137, Z. 1-7.	
» » 23.	94	» » 10.	23 Sts.	» » 23.		pg. 69
» » 24.	95			» » 24.		
» » 25.	96	» » 11.	23 Rs	» » 25.		
» » 26.	97			» » 26.	pg. 143, Z. 4-7.	
» » 27.	98	» » 15.	25 Rs.	» » 27.		pg. 71
» » 28.	99			» » 28.	pg. 142, Z. 4-9.	
» » 29.	100	» » 17.	26 Rs.	» » 29.		pg. 29
» » 30.	101	» » 19.	27 Rs.	» » 30.		
» » 31.	102	» » 5.	20 Sts.	» » 31.	pg. 149, Z. 34-39.	
» » 32.	103			» » 32.	pg. 146, Z. 32-36.	
» » 33.	104			» » 33.	pg. 146. Z. 37-40.	
» » 34.	105			» » 34.		
» » 35.	106			» » 35.		
» » 36.	107	» » 21.	29 Sts.	» » 36.		
» » 37.	108	» » 16.	26 Sts.	» » 37.	pg. 134, Z. 8-11.	pg. 33
» » 38.	109			» » 38.	pg. 137, Z. 41-45.	
» » 39.	110	» » 12.	24 Sts.	» » 39.	pg. 139, Z. 24-32.	pg. 19
	111	» » 20.	28 Sts.	» » 40.	pg. 143, Z. 19-23.	
» 41.				» » 41.		
» » 42.	112	» » 14.	25 Sts.	» » 42.		
» » 43.	113	» » 18.	27 Sts.	» » 43.		
» » 44.	114	» » 24.	30 Rs.	» » 44.	pg. 150, Z. 1-7.	
» » 45.	115	» » 23.	30 Sts.	» » 45.	pg. 149, Z. 37-42.	
» » 46.	116	» » 26.	31 Rs.	» » 46.		
» » 47.	117			» » 47.		
» » 48.	118			» » 48.		
» » 49.	119			» » 49.		
» » 50.	120			» » 50.		
» » 51.	{121	» » 31.	34 Sts.	» » 51.		
» » 52.		» » 32.	34 Rs.	» » 52.		
» » 53.		» » 28.	31 Rs.	» » 53.		
» » 54.	{122	» » 27.	32 Sts.	» » 54.		
» » 55.		» » 29.	33 Sts.	» » 55.		
» » 56.		» » 30.	33 Rs.	» » 56.		
» » 57.	123	» » 25.	31 Sts.	» » 57.		
Gg. III. Z. 1.	124	Gg. III. Z. 1.	36 Sts.	Gg. III. Z. 1.		pg. 67
» » 2.	125	» » 2.	36 Rs.	» » 2.		
» » 3.	126			» » 3.	pg. 141, Z. 19-21.	
» » 4.	127			» » 4.		
» » 5.	128			» » 5.		
» » 6.	129	» » 8.	39 Rs.	» » 5.		
» » 7.	130			» » 7.		
» » 8.	131			» » 8.		

sog. Mainzer Domsch.:		H.H. 1520:		W.R. 1526:	N.R. 1540:	Hirth:
Text.	Ab-bildung.	Text.	Ab-bildung.	Text.	Text.	Ab-bildung.
Gg.III.Z. 9.	132			Gg.III.Z. 9.	pg. 142, Z. 28-30.	
» » 10.	133	Gg.III.Z. 5.	38 Sts.	» » 10.		
» » 11.	134			» » 11.		
» » 12.	135			» » 12.		
» » 13.	136	» » 4.	37 Rs.	» » 13.		
» » 14.	137	» » 6.	38 Rs.	» » 14.	pg. 145, Z. 35-40.	
» » 15.	138			» » 15.	pg. 150, Z. 8-11.	
» » 16.	139	» » 7.	39 Sts.	» » 16.		
Gg.IV.Z. 1.	140	Gg.IV.Z. 6.	43 Rs.	Gg.IV.Z. 1.	pg. 133, Z. 38 bis pg. 134, Z. 6.	
» » 2.	141	» » 4.	42 Rs.	» » 2.		
» » 3.	142			» » 3.		
» » 4.	143	» » 5.	43 Sts.	» » 4.		
» » 5.	144	» » 2	41 Rs.	» » 5.	pg. 131, Z. 37-40.	
» » 6.	145	» » 3.	42 Sts.	» » 6.	pg. 150, Z. 12-22.	
» » 7.	146	» » 8.	44 Rs.	» » 7.	pg. 142, Z. 10-16.	
» » 8.	147	» » 9.	45 Sts.	» » 8.		
» » 9.	148	» 11.	46 Sts.	» » 9.		
» » 10.	149			» » 10.	pg. 146, Z. 10-13.	
» » 11.	150			» » 11.		
» » 12.	151			» » 12.		
Gg. V. Z. 1.	152	Gg. V. Z. 1.	47 Rs.	Gg. V. Z. 1.		
» »	153			» » 2.		pg. 27
» » 3.		» » 2.	48 Sts.	» » 3.		
» » 4.	154	» » 3.	48 Rs.	» » 4.		
» » 5.	155			» » 5.		
» » 6.	156	» » 4.	49 Sts.	» » 6.		
» » 7.	157	» » 5.	49 Rs.	» » 7.		pg. 26
» » 8.	158	» » 6.	50 Sts.	» » 8.		
» » 9.	159	» » 7.	50 Rs.	» » 9.		
» » 10.	160			» » 10.	pg. 130, Z. 21-23.	
» » 11.	161	» » 8.	51 Sts.	» » 11.		
» » 12.	162			» » 12.		
» » 13.	163	» 9.	51 Rs.	» » 13.		
» » 14.	164	» 10.	52 Sts.	» » 14.		
» » 15.	165	» 11.	52 Rs.	» » 15.		
» » 16.	166	» 12.	53 Sts.	» » 16.		
» » 17.	167	» 14.	54 Sts.	» » 17.		
» » 18.	168			» » 18.		
» » 19.	169	» 15.	54 Rs.	» » 19.		
» » 20.	170			» » 20.		
» » 21.	171			» » 21.	pg. 135, Z. 14-28.	
» » 22.	172			» » 22.		
» » 23.	173	» 17.	55 Rs.	» » 23.		
Gg. VI.	174			Gg. VI. Z. 1.		
» 2.				» » 2.		
» 3.	175	Gg. VI. Z. 1.	56 Rs.	» » 3.		
» 4.	176	» » 2.	57 Sts.	» » 4.	pg. 147, Z. 43 bis pg. 148, Z. 14.	pg. 72

sog. Mainzer Domsch.:		H.H. 1250:		W.R. 1250:	N.R. 1540:	Hirth:
Text.	Abbildung	Text.	Abbildung	Text.	Text.	Abbildung
Gg. VI. Z. 5.	177	Gg. VI. Z. 3.	57 Rs.	Gg. VI. Z. 5.		pg. 23
» » 6.	178	» » 4.	58 Sts.	» » 6.	pg. 130, Z. 6-12.	pg. 35
» » 7.	179	» » 20.	66 Sts.	» » 7.		
» » 8.	180			» » 8.		
» » 9.	181	» » 49.	79 Rs.	» » 81.		pg. 65
	182			» » 9.		
» » 11.				» » 10.		
» » 12.	183			» » 11.		
» » 13.	184	» » 52.	80 Rs.	» » 12.		
» » 14.	185			» » 13.		
» » 15.	186	» » 53.	81 Sts.	» » 14.		
» » 16.	187	» » 48.	78 Rs.	» » 15.		
» » 17.	188	» » 50.	80Sts.(o)	» » 16.		pg. 79
» » 18.	189	» » 51.	80Sts.(u)	» » 17.		pg. 37
» » 19.	190	» » 13.	62 Rs.	» » 18.		
» » 20.	191	» » 8.	60 Sts.	» » 19.		
» » 21.	192	» » 12.	62 Sts.	» » 20.		
» » 22.	193			» » 21.		
» » 23.	194			» » 22.		
» » 24.	195	» » 47.	78 Sts.	» » 23.		pg. 22
» » 25.	196	» » 22.	67 Sts.(l)	» » 24.		
» » 26.	197	» » 14.	63 Rs.	» » 25.		
» » 27.	198	» » 44.	76 Rs.	» » 26.		pg. 74
» » 28.	199			» » 27.	pg. 140, Z. 9-11.	
	200			» » 28.	pg. 135, Z. 32-34.	
» » 30.				» » 29.	pg. 138, Z. 16-22.	
» » 31.	201	» » 43.	76 Sts.	» » 30.		
» » 32.	202	» » 6.	59 Sts.	» » 31.		pg. 31
» » 33.	203	» » 18.	65 Rs. (r)	» » 32.	pg. 138, Z. 40 bis pg. 139, Z. 7.	
» » 34.	204	» » 19.	65 Rs. (l)	» » 33.		
» » 35.	205	» » 11.	61 Rs.	» » 34.		pg. 46
» » 36.	206	» » 9.	60 Rs.	» » 35.	pg. 140, Z. 21-24.	pg. 30
» » 37.	207			» » 36.	pg. 140, Z. 12-15.	
» » 38.	208			» » 37.		
» » 39.	209			» » 38.		
» » 40.	210	» » 45.	77 Sts.	» » 39.	pg. 134, Z. 37 bis pg. 133, Z. 6.	pg. 55
» » 41.	211	» » 46.	77 Rs.	» » 40.	pg. 134, Z. 15-19.	pg. 39
» » 42.	212	» » 17.	65 Sts.	» » 41.	pg. 134, Z. 33-36.	
» » 43.	213	» » 33.	72 Sts.	» » 42.	pg. 134, Z. 20-22.	
» » 44.	214	» » 26.	68 Rs.	» » 43.	pg. 134, Z. 28-32.	
» » 45.	215	» » 21.	66 Rs.	» » 44.		
» » 46.	216	» » 39.	74 Rs. (l)	» » 45.		
» » 47.	217			» » 46.		
» » 48.	218	» » 41.	75 Sts.	» » 47.	pg. 144, Z. 9-12.	
» » 49.	219			» » 48.		
» » 50.	220	» » 7.	59 Rs.	» » 49.		pg. 34
» » 51.	221	» » 31.	61 Sts.	» » 50.		pg. 15

sog. Mainzer Domsch.:		II.H. 1520:		W.R. 1526:	N.R. 1540:	Hirth:
Text.	Abbildung	Text.	Abbildung	Text.	Text.	Abbildung
Gg. VI. Z. 52*	222	Gg. VI. Z.3o.	70 Rs.	Gg. VI. Z. 51.		
» » 53	223			» » 52.	pg. 145, Z. 9-14.	
» » 54	224			» » 53.		
» » 55	225			» » 54.		
» » 56	226			» » 55.	pg. 145, Z. 3o-32.	
» » 57	227	» » 16.	64 Rs.	» » 56.		
» » 58.	228	» » 34.	72 Rs.	» » 57.	pg. 140, Z. 41 bis pg. 142, Z. 3.	
» » 59.	229	» » 42.	75 Rs.	» » 58.		pg. 6
» » 60.	230	» » 37.	74 Sts. (l)	» » 59.		
» » 61.	231	» » 31.	71 Sts.	» » 60.		
» » 63.	232			» » 61.		
» » 63.	233	» » 38.	74 Sts.(r)	» » 62.		
» » 64.	234	» » 40.	74 Rs.(r)	» » 63.		
Gg.VII.Z. 1.	235			Gg.VII. Z. 1.	pg. 135, Z. 29-31.	
» » 2.	236			» » 2.		
» » 3.	237	Gg.VII.Z.3o.	95 Sts.	» » 3.	pg. 129, Z. 38-43.	
» » 4.	238	» » 29.	94 Rs.	» » 4.		
» » 5.	239			» » 5.		
» » 6.	240	» » 1.	82 Rs.	» » 6.		pg. 57
» » 7.	241	» » 2.	83 Rs.	» » 7.		
» » 8.	242	» » 3.	84 Sts.	» » 8.	pg. 136, Z. 1-6.	pg. 48
» » 9.	243	» » 16.	89 Sts.(r)	» » 9.		pg. 88
» » 10.	244	» » 4.	84 Rs.	» » 10.		pg. 25
» » 11.	245			» » 11.		
» » 12.	246	» » 5.	85 Sts.	» » 12.		
» » 13.	247			» » 13.	pg. 132, Z. 26-38.	
» » 14.	248	» » 10.	87 Sts.	» » 14.		pg. 47
» » 15.	249			» » 15.		
» » 16.	250	» » 13.	88 Sts.(r)	» » 16.		
» » 17.	251	» » 11.	87 Rs.	» » 17.		
» » 18.	252	» » 15.	89 Sts.(l)	» » 18.		pg. 16
» » 19.	253	» » 6.	85 Rs.	» » 19.	pg. 134, Z. 12-14.	pg. 54
» » 20.	254			» » 20.	pg. 142, Z. 31-34.	
» » 21.	255			» » 21.		
» » 22.	256	» » 22.	91 Sts.(r)	» » 22.		
» » 23.	257	» » 8.	86 Sts.(u)	» » 23.		
» » 24.	258	» » 17.	89 Rs.	» » 24.		
» » 25.	259			» » 25.		
» » 26.	260			» » 26.		
» » 27.	261	» » 24.	92 Rs.	» » 27.		
» » 28.	262			» » 28.		
» » 29.	263	» » 20.	90 Rs.(u)	» » 29.		
» » 30.	264	» » 21.	91 Sts.(l)	» » 30.		
» » 31.	265			» » 31.		
» » 32.	266	» » 23.	92 Sts.	» » 32.		
» » 33.	267	» » 19.	90 Rs.(o)	» » 33.		
	268	» » 28.	94 Sts.	» » 34.		
» » 35.		» » 9.	86 Rs.	» » 35.		

sog. Mainzer Domsch.		HL. 1520:		W.R. 1526:	N.R. 1540:	Hirth:
Text.	Abbildung.	Text.	Abbildung.	Text.	Text.	Abbildung.
Gg.VII.Z.36.	269	Gg.VII.Z. 14.	88 Rs.	Gg.VII.Z.36.		
» » 37.	270			» » 37.		
Gg.VIII.Z. 1.	271	Gg.VIII.Z. 1.	96 Sts.	Gg.VIII.Z. 1.	pg. 129, Z. 1-12.	pg.82
» » 2.	272			» » 2.		
» » 3.	273	» » 2.	96 Rs.	» » 3.		pg.64
» » 4.	274			» » 4.	pg.133, Z.25-29.	
» » 5.	275	» » 3.	97 Sts.	» » 5.	pg.133, Z.34-37.	pg 61
»				» » 6.		
» » 6.	276			» » 7.		
» » 8.	277	» » 40.	112 Sts.	» » 8.		
» » 9.	278	» » 38.	111 Sts.	» » 9.		
» » 10.	279			» » 10.		
» » 11.	280	» » 36.	110 Sts.	» » 11.	pg. 146, Z. 7-13.	pg.49
» » 12.	281			» » 12.		
» » 13.	282			» » 13.		
» » 14.	283			« » 14.		
» » 15.	284			» » 15.		
» » 16	285	» » 10.	99 Rs.	» » 16.		
» » 17	286	» » 11.	100 Sts.	» » 17.		pg.50
» » 18.	287	» » 29.	100 Rs.	» » 18.		pg.75
» » 19.	288	» » 15.	101 Rs.	» » 19.		pg.45
» » 20.	289			» » 20.	pg.141, Z.32 bis pg.142, Z. 3.	
» » 21.	290			» 21.	pg.135, Z.11-13.	
» » 22.	291			» » 22.		
» » 23.	292	» » 24.	104 Rs.	» » 23.		
» » 24.	293			» » 24.	pg.135, Z.35-38.	
» » 25.	294	» » 32.	108 Sts.	» » 25.		
» » 26.	295	» » 4.	97 Rs. (l)	» » 26.		pg.76
» » 27.	296	» » 7.	98 Rs. (l)	» » 27.	pg.134, Z.23-27.	pg.30
» » 28.	297	» » 8.	98 Rs. (r)	» » 28.	pg. 134. Z. 7-11.	
» » 29.	298			» » 29.		
» » 30.	299	» » 9.	99 Sts.	» » 30.		pg.58
» » 31.	300	» » 30.	107 Sts.	» » 31.	pg.143, Z.24-30.	
» » 32.	301	» » 21.	103 Rs.	» » 32.		
» » 33.	302			» » 33.	pg.139, Z.38 bis pg.140, Z. 8.	
» » 34.	303			» » 34.		
» » 35.	304	» » 17.	102 Sts.(l)	» » 35.		pg.52
» » 36.	305			» » 36.		
» » 37.	306	» » 19.	102 Rs. (r)	» » 37.		
» » 38.	307	» » 22.	104 Sts.(l)	» » 38.		
» » 39.	308	» » 8.	102 Rs. (l)	» » 39.		
» » 40.	309			» » 40.		
» » 41.	310	» » 27.	106 Sts.(l)	» » 41.		
» » 42.	311	» » 23.	104 Sts.(r)	» » 42.		
»	312	» » 28.	106Sts.(r)	» » 43.		
» » 44.		» » 31.	107 Rs.	» » 44.		
» » 45.	313	» » 26.	105 Rs.	» » 45.		

sog. Mainzer Domsch.:		H.H. 1520:		W.R. 1526:	N.R. 1540:	Hirth:
Text.	Ab-bildung	Text.	Ab-bildung	Text.	Text.	Ab-bildung
Gg.VIII.Z.46.	314	Gg.VIII.Z.37.	110 Rs.	Gg.VIII.Z.46.		pg.43
» » 47.	315	» » 20.	103 Sts.	» » 47.		
» » 48.	316	» » 33.	108 Rs.	» » 48.		
» » 49.	317	» » 25.	105 Sts.	» » 49.		
» » 50.	318	» » 34.	109 Sts.	» » 50.		
» » 51.	319	» » 39.	111 Rs.	» » 51.		
» » 52.	320	» » 12.	100 Rs.(!)	» » 52.	pg. 132, Z. 1-14.	pg.42
Gg.XI.Z. 1.	321	Gg. IX. Z. 1.	113 Rs.	Gg. IX. Z. 1.		pg.60
» » 2.	322	Gg. II. Z. 1.	17 Rs.	» » 2.		pg.84
» » 3.	323			» » 3.	pg. 131, Z. 1-3.	
» » 4.	324	Gg. IX. Z. 4.	116 Sts.	» » 4.		pg.85
» » 5.	325	» » 2.	114 Rs.	» » 5.	pg. 138, Z. 1-15.	
» » 6.	126	» » 3.	115 Rs.	» » 6.	pg. 141, Z. 28-31.	pg.51
» » 7.	327	» » 5.	116 Rs.	» » 7.		pg.66
» » 8.	328			» » 8.		
» » 9.	329			» » 9.		
» » 10.	330			» » 10.	pg. 138, Z. 30-31.	
» » 11.	331			» » 11.		
» » 12.	332	» » 6.	117 Sts.	» » 12.	pg. 144, Z. 20-28.	pg.68
» » 13.	333	» » 7.	118 Sts.	» » 13.		pg.80
» » 14.	334	» » 8.	118 Rs.	» » 14.		pg.59
» » 15.	335	» » 9.	119 Sts.(!)	» » 15.		
» » 16.	336	» » 10.	119 Sts.(!)	» » 16.		
» » 17.	337	» » 11.	119 Rs.	» » 17.	pg. 144, Z. 29-32.	
» » 18.	338			» » 18.	pg. 132, Z. 15-18.	
» » 19.	339			» » 19.		

Halle'sches Heiligthumsbuch A. D. 1520:   Hirth:

Abbildung.	Text.	Abbildung.
2 Sts.	Titelblatt mit Erzbischof Ernst und Cardinal Albrecht u. von Brandenburg, welche knieend die neue Stiftskirche zu Halle emporheben. In den Wolken die Schutzpatrone der Kirche: St. Magdalena, S. Mauritius und S. Erasmus.	pg. 3.
3 Rs.	..ter Gang. Zum 2ten: Ein silbern vergulth benedicirt Schwert, welches gnanter babst Leo Keiser Maximilian seliger gedechnus gegeben. Welcher Keiser for der solch schwert unserm gnedigsten herrn in annehmung des Cardinalats voreret	pg. 5.
7 Sts.	..ter Gang. Zum 9ten: Ein obersilberter Sarch	
9 Sts.	..ter Gang. Zum 13ten: Das silbern weise creutz mitt den funf stewnen	
16 Sts. (u)	..ter Gang. Zum 29ten: Ein rond Pacem mit rothem sammet obertzogen	
24 Rs.	..ter Gang. Zum 13ten: Ein silbern obergullte tafell in der Mitte eyn geschmeltzte passion	
35 Sts.	..ter Gang. Zum 33ten: Ein gros silbernes obergult Creutz mit steyne vn iv berillen	
37 Sts.	..ter Gang. Zum 3ten: Eyn silbern tafel dorynn das Controfact Marie	pg. 32.
40 Sts.	..ter Gang. Zum 9ten: Ein weiß obergult kestlin mit wellischer arbeit	
41 Sts.	..ter Gang. Zum ersten: Ein silbern brustbilde sanct Joachims	
44 Sts.	..ter Gang. Zum 7ten: Ein Sandt Johannes des tewffers bild	

Halle'sches Heiligthumsbuch A. D. 1520:　　　　　Hirth:

Abbildung.	Text.	Abbildung.
45 Rs.	ivter Gang. Zum 10ten: Ein silbern sant Josephsbild	
46 Rs.	ivter Gang. Zum 12ten: Ein silbern serchlenn mit iv weppern	pg. 78.
53 Rs.	vter Gang. Zum 13ten: Ein silbern sanct Simonsbild	
55 Sts.	vter Gang. Zum 16ten: Eyn gantze Arm= roere des heyligen Euangelisten Lucas	
58 Rs.	viter Gang. Zum 5ten: Ein silbern bild sant Steffans des heyligen ersten mertterers	
64 Sts.	viter Gang. Zum 15ten: Ein silbern monstrenzlein	
67 Sts.(v)	viter Gang. Zum 23ten: Ein silbern Monstrantz mit Erdberen	
67 Rs.	viter Gang. Zum 24ten: Ein armroer des heiligen ritters vnd merterers Georgn	
68 Sts.	viter Gang: Zum 25ten: Ein silberne Wnge	
69 Sts.	viter Gang. Zum 27ten: Ein mittel= messiger silberner arm	
69 Rs.	viter Gang. Zum 28ten: Ein silbern Monstrantz mit einem langen Berill	
70 Sts.	viter Gang. Zum 29ten: Ein silbern bilb des heiligen Adalberti	
71 Rs.	viter Gang. Zum 32ten: Ein silbern brustbild des heyligen sancti Valentini.....	
73 Sts	viter Gang. Zum 35ten: Ein reitender sant Moritz	
73 Rs.	viter Gang. Zum 36,ten: Ein silbern sanct Erasmusbild	
86 Sts.(o)	vuter Gang. Zum 7ten: Ein silbern sarb barauff sanct Jacobs vnd sant Cri= stoffelsbild	pg. 63.
88 Sts.(l)	vuter Gang. Zum 12ten: Ist sant Ul= richs Alben	
90 Sts.	vuter Gang. Zum 18ten: Eyn silbern Monstrenzlein mit Erdberen	
93 Sts.	vuter Gang. Zum 425ten: Eou schön silbern vbergult kleynott mit viel figuren.....	pg. 53.

Abbildung.	Text.	Abbildung.
93 Rs. (l)	vnter Gang. Zum 26ſten: Ein Criſtallen becher yn ſilber gefaſzt	pg. 40.
93 Rs. (r)	vnter Gang. Zum 27ten: Ein ſilbern vergulter becher oben mit vnſer lieben frawen bild	pg. 41.
97 Rs. (r)	vnter Gang. Zum 5ten: Eyn ſilbern ſanct barbarabild	pg. 77.
98 Sts.	vnter Gang. Zum 6ten: Ein ſilbern gantz ſanct Barbara	pg. 44.
100 Rs. (r)	vnter Gang. Zum 13ten. Ein ſilbern cleynot mit gulden reiffen, obin mit eym creutz	
101 Sts.	vnter Gang. Zum 14ten: Ein ſilbern Creutz auff eym fuſſe mit den vier Euangeliſten	pg. 73.
102 Sts. (r)	vnter Gang. Zum 16ten: Ein ſilbern rond Pacem auff eym fuſſe	
109 Rs.	vnter Gang. Zum 35ten: Die ribbe der heiligen Jungfrawen Otilien vn Silber gefaſzt	
120 Rs.	Carb. Albrechts Wappen.	pg. 87.
121 Rs.	Erzbiſchof Ernſts Wappen.	pg. 86.

Abbildung.	Text.	Abbildung.
45 Rs.	ııter Gang. Zum 10ten: Ein silbern sant Josephsbild	
46 Rs.	ıııter Gang. Zum 12ten: Ein silbern serchleyn mit ıv weppern	pg. 78.
53 Rs.	vter Gang. Zum 13ten: Ein silbern sanct Simonsbild	
55 Sts.	vter Gang. Zum 16ten: Eyn gantze Armroere des heyligen Euangelisten Lucas	
58 Rs.	vıter Gang. Zum 5ten: Ein silbern bild sant Steffans des heyligen ersten mertterers	
64 Sts.	vıter Gang. Zum 15ten: Ein silbern monstrenzlein	
67 Sts. (r)	vıter Gang. Zum 23ten: Ein silbern Monstrantz mit Erdberen	
67 Rs.	vıter Gang. Zum 24ten: Ein armroer des heiligen ritters vnd merterers Georgn	
68 Sts.	vıter Gang: Zum 25ten: Ein silberne Wyge	
69 Sts.	vıter Gang. Zum 27ten: Ein mittelmessiger silberner arm	
69 Rs.	vıter Gang. Zum 28ten: Ein silbern Monstrantz mit einem langen Berill	
70 Sts.	vıter Gang. Zum 29ten: Ein silbern bild des heiligen Adalberti	
71 Rs.	vıter Gang. Zum 32ten: Ein silbern brustbild des heyligen sancti Valentini	
73 Sts.	vıter Gang. Zum 35ten: Ein reitender sant Moritz	
73 Rs.	vıter Gang. Zum 36ten: Ein silbern sanct Erasmusbilo	
86 Sts. (o)	vuter Gang. Zum 7ten: Ein silbern sarch darauff sanct Jacobs vnd sant Cristoffelsbild	pg. 63.
88 Sts. (l)	vıııter Gang. Zum 12ten: Ist sant Vlrichs Alben	
90 Sts.	vuter Gang. Zum 18ten: Eyn silbern Monstrenzlein mit Erdberen	
93 Sts.	vuter Gang. Zum 425ten: Eon schön silbern vbergult kleynott mit viel figuren	pg. 53.

Halle'sches Heiligthumsbuch A. D. 1520:   Hirth:

Abbildung.	Text.	Abbildung.
93 Rs. (l)	vnter Gang. Zum 26sten: Ein Cristallen becher yn silber gefaszt	pg. 40.
93 Rs. (r)	vnter Gang. Zum 27ten: Ein silbern vergulter becher oben mit vnser lieben frawen bild	pg. 41.
97 Rs. (r)	vnter Gang. Zum 5ten: Eyn silbern sanct barbarabild	pg. 77.
98 Sts.	vnter Gang. Zum 6ten: Ein silbern gantz sanct Barbara	pg. 44
100 Rs. (r)	vnter Gang. Zum 13ten. Ein silbern cleynot mit gulden reiffen, obin mit eym creutz	
101 Sts.	vnter Gang. Zum 14ten: Ein silbern Creutz auff eym fusse mit den vier Euangelisten	pg. 73.
102 Sts. (r)	vnter Gang. Zum 16ten: Ein silbern rond Pacem auff eym fusse	
109 Rs.	vnter Gang. Zum 35ten: Die ribbe der heiligen Jungfrawen Otilien yn Silber gefaszt	
120 Rs.	Card. Albrechts Wappen.	pg. 87.
121 Rs.	Erzbischof Ernsts Wappen.	pg. 86.

Abbildung.	Text.	Abbildung.
45 Rs.	iv t e r Gang. Zum 10ten: Ein silbern sant Josephsbild	
46 Rs.	iv t e r Gang. Zum 12ten: Ein silbern serchlenn mit iv weppern	pg. 78.
53 Rs.	v t e r Gang. Zum 13ten: Ein silbern sanct Simonsbild	
55 Sts.	v t e r Gang. Zum 16ten: Eyn gantze Arm= roere des heyligen Euangelisten Lucas	
58 Rs.	vi t e r Gang. Zum 5ten: Ein silbern bild sant Steffans des heyligen ersten mertterers	
64 Sts.	vi t e r Gang. Zum 15ten: Ein silbern monstrenzlein . . .	
67 Sts. (r)	vi t e r Gang. Zum 23ten: Ein silbern Monstranz mit Erdberen	
67 Rs.	vi t e r Gang. Zum 24ten: Ein armroer des heiligen ritters vnd merterers Georgn	
68 Sts.	vi t e r Gang: Zum 25ten: Ein silberne Wuge	
69 Sts.	vi t e r Gang. Zum 27ten: Ein mittel= messiger silberner arm	
69 Rs.	vi t e r Gang. Zum 28ten: Ein silbern Monstrantz mit einem langen Berill	
70 Sts.	vi t e r Gang. Zum 29ten: Ein silbern bild des heiligen Adalberti	
71 Rs.	vi t e r Gang. Zum 32ten: Ein silbern brustbild des heyligen sancti Valentini	
73 Sts.	vi t e r Gang. Zum 35ten: Ein reitender sant Moritz	
73 Rs.	vi t e r Gang. Zum 36.ten: Ein silbern sanct Erasmusbild	
86 Sts. (o)	vi t e r Gang. Zum 7ten: Ein silbern sarch darauff sanct Jacobs vnd sant Cri= stoffelsbild	pg. 63.
88 Sts. (l)	vii t e r Gang. Zum 12ten: Ist sant Vl= richs Alben	
90 Sts.	vii t e r Gang. Zum 18ten: Eyn silbern Monstrenzlein mit Erdberen	
93 Sts.	vii t e r Gang. Zum 25ten: Ein schön silbern vbergult kleynott mit viel figuren	pg. 53.

Abbildung.	Text.	Abbildung.
93 Rs. (l)	vnter Gang. Zum 26sten: Ein Cristallen becher vn silber gefaßt	pg. 40.
93 Rs. (r)	vnter Gang. Zum 27ten: Ein silbern vergulter becher oben mit vnser lieben frawen bild	pg. 41.
97 Rs. (r)	vnter Gang. Zum 5ten: Eyn silbern sanct barbarabild	pg. 77.
98 Sts.	vnter Gang. Zum 6ten: Ein silbern gantz sanct Barbara	pg. 44
100 Rs. (r)	vnter Gang Zum 13ten. Ein silbern cleynot mit gulden reiffen, obin mit eym creutz	
101 Sts.	vnter Gang. Zum 14ten: Ein silbern Creutz auff eym fusse mit den vier Euangelisten	pg. 73.
102 Sts. (r)	vnter Gang. Zum 16ten: Ein silbern rond Pacem auff eym fusse	
109 Rs.	vnter Gang. Zum 35ten: Die ribbe der heilgen Jungfrawen Otilien nn Silber gefaßt	
120 Rs.	Card. Albrechts Wappen.	pg. 87.
121 Rs.	Erzbischof Ernsts Wappen.	pg. 86.

Halle'sches Heiligthumsbuch A. D. 1520:   Hirth:

Abbildung.	Text.	Abbildung.
45 Rs.	ivter Gang. Zum 10ten: Ein silbern sant Josephsbild	
46 Rs.	ivter Gang. Zum 12ten: Ein silbern serchleyn mit iv weppern	pg. 78.
53 Rs.	vter Gang. Zum 13ten: Ein silbern sanct Simonsbild	
55 Sts.	vter Gang. Zum 16ten: Eyn gantze Arm= roere des heyligen Euangelisten Lucas	
58 Rs.	vter Gang. Zum 5ten: Ein silbern bild sant Steffans des heyligen ersten mertterers	
64 Sts.	viter Gang. Zum 15ten: Ein silbern monstrenzlein	
67 Sts.(r)	viter Gang. Zum 23ten: Ein silbern Monstranz mit Erbberen	
67 Rs.	viter Gang. Zum 24ten: Ein armroer des heiligen ritters vnd merterers Georgn	
68 Sts.	viter Gang: Zum 25ten: Ein silberne Wnge	
69 Sts.	viter Gang. Zum 27ten: Ein mittel= messiger silberner arm	
69 Rs.	viter Gang. Zum 28ten: Ein silbern Monstranz mit einem langen Berill	
70 Sts.	viter Gang. Zum 29ten: Ein silbern bild des heiligen Adalberti	
71 Rs.	viter Gang. Zum 32ten: Ein silbern brustbild des heyligen sancti Valentini	
73 Sts.	viter Gang. Zum 35ten: Ein reitender sant Moritz	
73 Rs.	viter Gang. Zum 36ten: Ein silbern sanct Erasmusbild	
86 Sts.(o)	vuter Gang. Zum 7ten: Ein silbern sarch darauff sanct Jacobs vnd sant Cri= stoffelsbild	pg. 63.
88 Sts.(l)	vuter Gang. Zum 12ten: Ist sant Vl= richs Alben	
90 Sts.	vuter Gang. Zum 18ten: Eyn silbern Monstrenzlein mit Erbberen	
93 Sts.	vuter Gang. Zum 25ten: Eon schön silbern vbergult kleynott mit viel figuren	pg. 53.

Halle'sches Heiligthumsbuch A. D. 1520 :   Hirth :

Abbildung.	Text.	Abbildung.
93 Rs. (l)	vnter Gang. Zum 26ſten: Ein Criſtallen becher yn ſilber gefaſzt	pg. 40.
93 Rs. (r)	vnter Gang. Zum 27ten: Ein ſilbern vergulter becher oben mit vnſer lieben frawen bild	pg. 41.
97 Rs. (r)	vnter Gang. Zum 5ten: Eyn ſilbern ſanct barbarabild	pg. 77.
98 Sts.	vnter Gang. Zum 6ten: Ein ſilbern gantz ſanct Barbara	pg. 44
100 Rs. (r)	vnter Gang. Zum 13ten Ein ſilbern cleynot mit gulden reiffen, obin mit eym creutz	
101 Sts.	vnter Gang. Zum 14ten: Ein ſilbern Creutz auff eym fuſſe mit den vier Euangeliſten	pg. 73.
102 Sts. (r)	vnter Gang. Zum 16ten: Ein ſilbern rond Pacem auff eym fuſſe	
109 Rs.	vnter Gang. Zum 35ten: Die ribbe der heiligen Jungfrawen Otilien yn Silber gefaſzt	
120 Rs.	Card. Albrechts Wappen.	pg. 87.
121 Rs.	Erzbiſchof Ernſts Wappen.	pg. 86.

Register der im Jahre 1525 verzeichneten Bilder der Stiftskirche zu Halle a. S.

"Vff dem Altar deß lettner der rechten seitten der ... Nothelffer: Eyne sehr schone kunstliche taffel von Jamahuen (Email) geschnitten."

"Am Pfeiler Hartt dorneben: Eyn gemahlte taffel mit der disposicion."

"Vff dem Altar Angela der linken seitten: Eyne schone taffel von welscher arbeitt mitt eyner kunstliche gemahlte Barmhertzigkeit."

"Am Pfeiler vorbey: Eyn gantz Kunstliche taffel mitt der historia aus dem Euangelio, vne beschuldigung der Ehefraw."

"Vff dem Altar Mauricy in des Probst seytten Im auffgange: Eyne kunstliche gemahlte taffel mittsamet Moritz vnd S. Erasme."

"Doruben an der Mewen Eyne taffel gemalt wne Christus am Palmentage ist eyngeritten. Noch ein ander Taffel mit dem Abentessen."

"Vff dem Altar S. Erasmi: Eyn schone gemahlte taffel mitt 4 Flugeln vnd ist In der mitte wne Christus seinen Ingern dve fuesse gewaschen."

"Am Pfeiler dorneben Eyne schone gemahlte vnd vergulte S. Anna taffel Noch eyn hubsche gemahlte vnd vergulte taffel mitt Marter Erasmi vnd seindt beyde vff welsche art außbereitt vnd verfast."

"Vff dem Altar S. Thome: Eyn kostliche gemahlte taffel, wne Christus Im Delberge gebett hat."

"Vff dem Altar Trinitate: Eyn gantz schone gemahlte taffel, wne Christus Im Delberge gefangen ist worden."

"Vff dem Altar S. Johannis Aplii et Euangeliste: Eyne schone gemahlte taffel wne Christus Zcum Ersten fuhr Annam gefuhrt ist worden."

"Vff dem Altar S. Barbare: Eyn merckliche gemahlte taffell, wne Christus fuhr Cayphas gefuhrt ist worden."

"Vff dem Altar Appolonie: Eyne gantz schone gemahlte taffel, wne Christus fuhr Pilatus gefuhrt ist worden."

"Vff dem Altar Augustini: Eyne schone gemahlte taffel mit der geischelunge Christi."

"Vff der Seitten an der Mawren ober der chorlin thuer zum ersten

Eyn schon teffeleyn mitt den heyligen dreyen konigen. Eyn hubsche gemahlte taffei mitt eyn schonen Marienbilde, dorneben S. Catherinen vnd
sunst eyner Junckfrawen bilde. Eyn gemahlte Taffel mitt S. Wencislaus-
bilde der eyn Konig geweßt ist. Eyn ander taffelchen mitt eym Marienbilde
gantz schone gemahlett."

"Vff dem Altar Christofony: Ern gantz merckliche gemahlte taffell
wie Pilatus nach gevsshelung Christum den Juden getzeigt Vnd ge-
sprochen Ecce Homo"

"Vff dem Altar Martini: Eyne schone gemahlte taffel, wye Pilatus
dve hände gewaschen."

"Vff dem Altar Johannis baptisti: Eyne sehr schone gemahlte taffel,
mitt der aufffurunge Christi"

"Vff der seitten an der mauren: Eyn Hubsche gemahlte taffel, mitt
der Hymmelfahrt Christi."

"Vff dem Altar Trium Regum: Eyn kunstliche gemahlte taffell, wye
Christus an das Creutze geschlagen."

"Vff den Seitten an den Nawern: Eyn taffel mit der sendunge des
Heiligen geists, Am pfewler Eyn taffel welsche arbeitt mitt eym brustbilde
Christi dorbey mitt buchstaben geschrieben Ecce homo."

"Vff dem Altar Petri vnd Pauli: Eyn schone gemahlte taffell mitt
4 flugeln, In der Mitte wye Christus ist vom Creutze genommen."

"Vff der seitten an der Mawern: Eine hubsche gemahlte taffel mitt
dem Jungsten gerichte."

"Vff dem Altar Cosme vnd Dannany: Eyne schone gemahlte taffell,
wye Christus Im grabe gelegenn, vnd behutt ist worden."

"Vff dem Altar beate Maria Virginis: Eyne Cleyne vbersilberte
taffell mitt vnser lieben frawen bilde, In den flugeln 4 vbersilbert
Engeln, Cum armis Christi.

"Vff dem Altar Marie Magdalene vor den Capellen vß der flantz
seytten: Eyne schöne gemahlte taffell mitt der aufferstehunge Christi, gantz
wirklich gemacht."

Register der im Jahre 1525 verzeichneten Bilder der Stiftskirche zu Halle a. S.

„Vff dem Altar deß lettner der rechten seitten der ... Nothelffer: Eyne sehr schone kunstliche taffel von Jamahuen (Email) geschnitten."

„Am Pfeiler Hartt dorneben: Eyn gemahlte taffel mit der disposicion."

„Vff dem Altar Angela der linken seitten: Eenne schone taffel von welscher arbeitt mitt eyner kunstliche gemahlte Barmhertzigkeit."

„Am Pfeiler dorbey: Eyn gantz Kunstliche taffel mitt der historia aus dem Euangelie, dye beschuldigung der Ehefrau."

„Vff dem Altar Mauricy in des Probst seytten Im auffgange: Eyne kunstliche gemahlte taffel mittsame Moritz vnd S. Erasme."

„Doruben an der Mewen Eyne taffel gemalt wue Christus am Palmentage ist eyngeritten. Noch ein ander Taffel mit dem Abenteffen."

„Vff dem Altar S. Erasmi: Eyn schone gemahlte taffel mitt 4 Flugeln vnd ist In der mitte wue Christus seinen Jngern dye fuesse gewaschen."

„Am Pfewler dorneben Eene schone gemahlte vnd vergulte S. Anna taffel Noch eyn hubsche gemahlte vnd vergulte taffel mitt Marter Erasmi vnd seindt beyde vff welsche art außbereitt vnd verfast."

„Vff dem Altar S. Thome: Eyn kostliche gemahlte taffel, wue Christus Jm Oelberge gebett hat."

„Vff dem Altar Trinitate: Een gantz schone gemahlte taffel, wue Christns Jm Oelberge gefangen ist worden."

„Vff dem Altar S. Johannis Apli et Euangeliste: Eyne schone gemahlte taffel wue Christus Zeum Ersten fuhr Annam gefuhrt ist worden."

„Vff dem Altar S. Barbare: Eyn merckliche gemahlte taffell, wye Christus fuhr Cayphas gefuhrt ist worden."

„Vff dem Altar Appolonie: Eenne gantz schone gemahlte taffel, wye Christus fuhr Pilatus gefuhrt ist worden"

„Vff dem Altar Augustini: Eyne schone gemahlte taffel mit der geischelunge Christi."

„Vff der Seitten an der Mawren ober der chorlin thuer zum ersten

Eyn schon teffeleyn mitt den heyligen dreyen konigen. Eyn hubsche gemahlte taffei mitt eyn schonen Marienbilde, dorneben S. Catherinen vnd
sunst eyner Junckfrawen bilde. Eyn gemahlte Taffel mitt S. Wencißlaus-
bilde der eyn Konig gewest ist. Eyn ander taffelchen mitt eym Marienbilde
gantz schone gemahlett."

„Vff dem Altar Christofony: Eyn gantz merckliche gemahlte taffell
wie Pilatus nach gevßhelung Christum den Juden getzeigt Vnd ge-
sprochen Ecce Homo"

„Vff dem Altar Martini: Eynne schone gemahlte taffel, wye Pilatus
dye hände gewaschen."

„Vff dem Altar Johannis baptisti: Eyne sehr schone gemahlte taffel,
mitt der auffurunge Christi "

„Vff der seitten an der mauren: Eyn Hubsche gemahlte taffel, mitt
der Hymmelfahrt Christi."

„Vff dem Altar Trium Regum: Eyn kunstliche gemahlte taffell, wye
Christus an das Creutze geschlagen."

„Vff den Seitten an den Nawern: Eyn taffel mit der sendunge des
Heiligen geists, Am pfeyler Eyn taffel welsche arbeitt mitt eym brustbilde
Christi dorbey mitt buchstaben geschrieben Ecce homo."

„Vff dem Altar Petri vnd Pauli: Eyn schone gemahlte taffell mitt
4 flugeln, In der Mitte wye Christus ist vom Creutze genommen."

„Vff der seitten an der Mawern: Eine hubsche gemahlte taffel mitt
dem Jungsten gerichte."

„Vff dem Altar Cosme vnd Dannany: Eyne schone gemahlte taffell,
wye Christus Im grabe gelegeun, vnd behutt ist worden."

„Vff dem Altar beate Maria Virginis: Eyne Cleyne vbersilberte
taffell mitt onser lieben frawen bilde, In den flugeln 4 vbersilbert
Engeln, Cum armis Christi.

„Vff dem Altar Marie Magdalene vor den Capellen vß der slants
seytten: Eyne schöne gemahlte taffell mitt der aufferstehunge Christi, gantz
wirklich gemucht."

II. THEIL:

«Das Halle'sche Heiligthumsbuch
von 1520».

Die Werke des Wolf Traut.

Wir haben in dem ersten Theile unserer Untersuchung gesehen, wie die bis jetzt allgemein angenommene Ansicht, dass
der Halle'sche Domschatz dem Halle'schen Heiligthumsbuche von
1520 als Vorlage gedient hat, sich als unhaltbar erwiesen hat.
Wir haben vielmehr constatirt, dass beide Werke vollkommen
unabhängig nacheinander entstanden sind, und zwar das Halle'sche
Heiligthumsbuch zuerst, der Halle'sche Domschatz erst später.

Der zweite Theil unserer Aufgabe kann also ausschliesslich
dem Halle'schen Heiligthumsbuche von 1520 gewidmet sein. Seine
Entstehung ist durch die Gründung der im ersten Theile unserer
Untersuchung erwähnten neuen Stiftskirche zu Halle a. S. bedingt.
Wie wir wissen, gründete Cardinal Albrecht in eigener Person
am 20. Juni 1520 die dem heil. Moritz und der heil. Maria
Magdalena geweihte neue Stiftskirche. Binnen wenigen Monaten
scheint der Bau [1] dermassen vorgeschritten zu sein, dass Sonntags
nach dem Feste der Geburt der Jungfrau Maria die Heiligthümer,
welche bis jetzt auf des Cardinals Residenz, der Moritzburg, in
der von seinem Vorgänger gegründeten Magdalenenkapelle aufbewahrt waren, in die neue Stiftskirche übergeführt werden konnten.
Dies geht aus einer Stelle der Vorrede des Halle'schen Heiligthumsbuches von 1520 hervor, wo es also heisst: „Zu wissen
kunt offenbar sey allen Christglaubigen / was wesens wirde / odder
standes die seint / Das hinfurder zu ewigen zeiten / eines itzlichen
Jares / Sontags nach dem Fest / der vnbefleckten allergebene-
deigsten Gotsgeberin vnd Jungfrawen Marien geburdt / in der

---

[1] Da die Ueberführung der Heiligthümer bereits im September stattfand
so dürfte es sich wahrscheinlich nur um einen Neubau einer bereits vorhanden
gewesenen Kirche handeln.

loeblichen Stadt Halle / Magdeburger Bisthumbs / vnd doselbst ·
in der newen auffgerichten Stifftkirchen / wirdet das Fest / der
einfuhrūg des merglichen hochwirdigen heiligthumbs / so dorinnen /
nicht sunder andacht / wirglich vorsamelt / vū mit gulden / silbern /
auch andern hochgeschetzten Cleinothū vbertzirlich geschmuckt
ist / vnd Montags [1] dornach folgende / ein eherliche andechtige
vū heilbare Station / mit Zceigunge desselbtigen hochwirdigen
heiligthums stuckweise gehalten werde." Aber Niemandem lag
mehr daran als dem Cardinal selbst, möglichst schnell einem
grossen Kreise bekannt zu machen, dass von nun an für ewige
Zeiten alljährlich einmal an dem eben erwähnten Tage sämmtliche
Reliquiarien stückweise gezeigt werden sollten und dass diejenigen
Andächtigen, welche Heil und Vergebung ihrer Sünden suchten,
reichlichen Ablass für dieselben durch die in diesen Reliqiuarien
aulbewahrten Reliquien finden könnten. [2] Zweier Mittel bediente
sich Albrecht, um das Volk zum Ablassfeste einzuladen. Erstens
liess er durch öffentlichen Anschlag zu demselben einladen:
„Dass man — zu Halle zeigen und ausrufen wird den Schatz
des Heiligthumbs und Reliquien der l. Heiligen, so in derselbigen
Kirche behalten werden. Darum welch Christlicher Mensch Andacht wurde haben Gott in seinem Heiligen zu loben und Besserung
vor Gott bitten, der mag daselbst erscheinen — und anhören
ausrufen, die Wunderwerk, die Gott durch seine Heiligen wirket
zur Besserung unsres Lebens und ewiger Seligkeit." [3] Zweitens
liess der Cardinal nach der damalig allgemein üblichen und be-
liebten Sitte ein Heiligthumsbuch verfertigen, welches unter dem
Namen „Halle'sches Heiligthumsbuch von 1520" bekannt ist.
Dasselbe bildet einen Quartband aus 121 [4] unnumerirten Blättern

---

[1] Unrichtig ist die Angabe H. Albertz' (a. a. O. pg 65 Anm. *), dass der
Tag an dem die Heiligthümer dem Volk gezeigt wurden, identisch ist mit dem
der Ueberführung nach der neuen Stiftskirche.

[2] Im ganzen erhielten die 234 Reliquiarien 8133 Partikeln und 42 Skelete
von Heiligen. (vergl. H. H. 1520 120 Sts.)

[3] Erchard, Allg. Archiv 1831. Bd II. pg 2.

[4] Widmann-Kadow, Archiv f. Zeichn. Künste. 1855. I. pg 197 sagt unrichtig «122 Blätter».

mit einem Kupferstich und 237 Holzschnitten. Sehen wir uns
dasselbe genauer an. Auf der Stirnseite des ersten Blattes findet
sich der Titel :

Vortzeichnus vnd
Zteigung des hochlob
wirdigen heiligthumbs
der Stifftkirchen der heiligen
Sanct Moritz vnd Ma
rien Magdalena
zu Halle ;

die Rückseite dieses Blattes ziert der köstliche, unter dem Namen
der „kleine Cardinal"⁶ bekannte Kupferstich Dürers. Die folgende
Seite ist durch den Titelholzschnitt ganz eingenommen. Er stellt
Cardinal Albrecht und seinen Vorgänger, welch letzterer zuerst
den Plan gefasst hatte, eine neue Stiftskirche in Halle zu erbauen,
dar, wie sie im bischöflichen Ornat knieen und das fingirte Modell
der neuen Stiftskirche, von welchem das Wappen herabhängt,
emporhalten. Hinter dem Cardinal steht der Apostel Johannes
mit Kelch und Schlange, hinter Erzbischof Ernst der Apostel
Thomas, durch den Stab charakterisirt. Zu Füssen der beiden
Erzbischöfe die auf sie bezüglichen Wappen. Die obere Hälfte
des Holzschnittes zeigt uns auf Wolken stehend die Schutzpatrone

---

¹ Bartsch VII. pg 110 Nr. 102 begeht einen Irrthum. indem er diesen
Kupferstich als zu dem nicht existirenden Werke : «Das Heiligthum zu Sachsen.
mprimé à Halle en 1524 in 8oo (voyez le catalogue de l'œuvre d'Albert Dürer
par un Amateur. Dessau 1805 in 8oo pg 14) gehörend bezeichnet. — Heller
corrigirte ihn in seinem «Leben und Werke I. Cranachs». Der Vollständigkeit
halber sei erwähnt, dass das Halle'sche Heiligthumsbuch von 1520 im Jahre
1618 eine neue Auflage erhielt. wobei aber kein einziger Holzschnitt aus der
ersten Ausgabe von 1520 verwendet wurde. Diese zweite veränderte (d. h. der
Text ist unverändert geblieben) Ausgabe erschien unter folgendem Titel : «Histo-
rische Erzehlung der Beyden Heiligthumen / nemblich eines / So in der Schlosskirche zu Wittenberg im Anfang der Reformation Herrn D. Lutheri vorhanden
gewesen. Das Ander So zu Hall in Sachsen nach der angefangenen Reformation
Herrn D. Lutheri vollkommlicher gemacht worden. . . . Zu befinden in
Wittenberg bey Paul Helwigen Buchhend. Bey S. Marienkirchen Alde wonhafftig.
Anno 1618». — J. v. Dreyhaupt (a. a. O. I. pg 845 ff.) veröffentlichte Ao 1755
sämmtliche Holzschnitte mit der Ausnahme von 120 Rs. und 121 Sts. in sehr
schlechten Kupferstichen.

der Kirche mit ihren Abzeichen : In der Mitte Mauritius, zu seiner Linken Erasmus, zu seiner Rechten Maria Magdalena. Aus den Wolken blicken fünf Engel hervor. Auf der Rückseite des zweiten Blattes folgt die Vorrede, welche sich zum Theil auch auf die folgende Seite ausdehnt. Mit der Stirnseite des dritten Blattes fangen die Abbildungen der Reliquiarien an — 234 an der Zahl — und reichen bis zur Rückseite des 119ten Blattes, diese inbegriffen. Der jeweilige Text befindet sich je nach der Grösse der Holzschnitte (öfters finden sich auch zwei auf einer Seite) und des hagiologischen Inhaltes der Gegenstände entweder unter- oder oberhalb, oder neben den Abbildungen, oft auch auf der vorhergehenden oder folgenden Seite; manchmal nimmt der Text mehr als eine volle Seite ein. Auf der Stirnseite des 120sten Blattes befindet sich nebst der Angabe des Inhalts sämmtlicher Reliquiarien auch Jahreszahl und Ort der Drucklegung des Halle'schen Heiligthumsbuches :

Gedruckt yn der löblichen stadt Halle / nach
Christi. Vnsers herrn geburt Funfftzehen hüdert
Vnnd Im Zcwentzigsten Jhare.

Den Abschluss des Werkes bilden zwei blattgrosse Wappen : Auf der Rückseite des 120sten Blattes das des Cardinals Albrecht, auf der Stirnseite des 121sten Blattes das Erzbischof Ernsts von Magdeburg.

Was die Eintheilung der Heiligthümer anbelangt, so sind dieselben, wie in dem Halle'schen Domschatze, in neun Gänge eingetheilt:

Der Ite Gang mit 29 Reliquienbehältern, enthielt Reliquien „vō den lieben heiligen, welcher heiligthumb vermenget durch einander leyt / auch welcher namen verblichē vū vnleserlich sein. Desgleichen von heiligen land / von agnus dei vnd was gewohnlich Bebstliche heiligkeit Jerlich benedicirt vn hinwegk gibt.“

Der IIte Gang mit 33 Reliquienbehältern, enthielt Reliquien „vō unserm herren Jhesu Vnd was yn von seiner menschheit wegen vū leyden sunderlich zustendig.“

Der IIIte Gang mit 9 „von der hochgelobten konigin Marie“

Der IVte Gang mit 11 „von den heiligen Patriarchen vnd Propheten“.

Der Vte Gang mit 17 „von den heyligen tzwelfpoten vnd euangelisten“.

Der VIte Gang mit 53 „von den heyligen Merterern".

Der VIIte Gang mit 31 „von den heyligen Bischoffen vnd Beichtigern".

Der VIIIte Gang mit 40 „von den heyligen Jungfrawen".

Der IXte Gang mit 11 „von den heyligen auserwelten Frawen vnd witwen".

Fragen wir endlich: Wer waren die ausführenden Künstler? Die zahlreichen älteren Autoren, welche sich mit dem Halle'schen Heiligthumsbuch [1] beschäftigten (allerdings ohne stilkritische Untersuchungen zu treiben), von denen hier nur die wichtigsten genannt seien, waren in betreff der Künstler desselben verschiedener Meinung. Es konnte sich bei ihnen nur um Collectivnamen handeln, und so finden wir in der jetzt veralteten Literatur, dass Dreyhaupt [2] für Dürer, Heller [3] für Cranach als Zeichner eintraten. Dagegen betont Schuchard, [4] der treffliche Cranach-Kenner, dass nach seiner „auf Autopsie gegründeten Ansicht weder Cranach die Miniaturen (des Halle'schen Domschatzes) gemalt hat, noch solche zu den Holzschnitten verwendet sind". Endlich, um die Reihe dieser älteren Autoren zum Abschlusse zu bringen, hören wir, was Wichman-Kadow [5] sagt. Er will den grössten Theil der Zeichnungen auf Cranach zurückführen und hält Merkel's [6] Annahme, dass „Cranach bei seinen Entwürfen das Miniaturwerk benutzt habe, aus dem Grunde für sehr wahrscheinlich, weil die Abbildungen der silbernen Apostel, welche in Dürer's Manier gezeichnet sind, auch in dem Buche mehrfach an Dürer erinnern." Er ist ferner der Meinung, dass etwa zu „einzelnen Gegenständen des Schatzes" von Dürer oder seiner Schule Zeichnungen vorhanden gewesen seien, welche durch den Churfürsten in Cranach's Hände gelangten und von ihm entweder

---

[1] Heller im Leben und Werke L. Cranach's sagt irrig «8» statt 9 Gänge.

[2] J. v. Dreyhaupt a. a. O. part. I. pg 816 ff. § 52 und pg 848 ff.

[3] Leben und Werke L. Cranach's 1te Ausg. pg 258 und 354 und 2te Aufl. pg 49, 195 und 199. — Leben und Werke A. Dürers. Bd II pg 508 ff.

[4] a. a. O. Bd II. pg 12.

[5] a. a. O. pg 206.

[6] a. a. O. pg 11.

— 90 —

verändert oder mit Abänderungen zu den Holzschnitten benutzt
wurden! Nagler[1] vermuthete in dem verschlungenen Monogramm
W und T, das er auf dem Holzschnitte „des heil. Petrus" vorfand, den Wolf Traut, erkannte aber nicht, dass dasselbe aus
dem Halle'schen Heiligthumsbuche stammt. Zuletzt hat W.
Schmidt,[2] welcher dieses Monogramm mit Recht auch auf Wolf
Traut deutete, erkannt, dass die grösste Zahl der Holzschnitte
diesem Künstler zuzuweisen ist; ferner haben wir ihm zu ver-
danken, dass er die Hand unseres Meisters in verschiedenen nun
zu besprechenden Werken erkannt hat, dagegen weist er ihm
die von S. Laschitzer[3] richtig beurtheilten Holzschnitte zu der
„Ehrenpforte" und dem „Theuerdank" nicht zu (siehe unsere Vorrede). R. Muther[4] schliesst die Möglichkeit nicht aus, „dass Erzbischof Albrecht 1519 — zu derselben Zeit, als er sein Kupferstich-
portrait bei Dürer bestellte" — Wolf Traut den Auftrag gab, die
Zeichnungen zu dem Halle'schen Heiligthumsbuch zu machen. Er
geht sogar, ohne irgend welche Begründung, so weit, dass er in dem
Text zu Taf. 60 der „Meister-Holzschnitte aus 4 Jahrh." (München
1890) sagt: (Wolf Traut) „entpuppte sich hiermit als der Meister
des interessanten Heiligthumsbuches, das man früher willkürlich bald
dem Cranach, bald dem Grünewald zuwies." R. Muther nimmt
willkürlich als Meister des Ganzen den Wolf Traut an!

Betrachten wir zunächst genauer den Hauptkünstler des
Halle'schen Heiligthumsbuches. Sowohl über sein Leben, als
auch über seine Thätigkeit sind wir schlecht informirt. Neudörfer[5]
berichtet über ihn also: „Dieser Traut war des alten Trautens
Hannsen, der den Kreuzgang zu den Augustinern gemalt und
darin viel erbare Herren conterfeyet, und in seinem Alter er-
blindet nachgelassener Sohn, war dem Vater in der Kunst des
Malens und Reissens noch überlegen. Er malet (a° 1502)

---

[1] Bd V. Nr. 900.
[2] Rep. f. Kunstwissenschaft. Bd XII. pg 300 ff.
[3] Jahrb. d. kunsth. Samml. des allerh. Kaiserhauses. Bd VII. pg 79.
[4] a. a. O. in der Vorrede. Die Bestellung geschah bereits 1518 vergl.
Thausing's Dürer. Bd II. 36 s.
[5] Quellenschriften für Kunstgeschichte. Bd X. pg 136 s.

die Altartafel in der Capelle bei St. Lorenzen, so cunz Horn erbauet und mit grossen Ablass aus Rom seines Verhoffens geziert ist. Er, Traut, blieb ledig und war im Leben mit Herman Vischer Rothschmieden also einig, als wären sie Brüder gewesen. Darum er auch dabei war, als dieser Vischer bei Nacht unter dem Schlitten zerstossen ward." Was seine Thätigkeit anbelangt, so können wir sie sporadisch in dem Zeitraume von 1511 bis zu seinem im Jahre 1520 erfolgten Tode [1] verfolgen — das Material ist allerdings sehr lückenhaft und spärlich vorhanden, erst in seinem Todesjahre tritt es uns reichlich entgegen.

Zum ersten Male begegnen wir ihm 1511 und 1512 als Illustrator der „Legende des heyligen vatters Francisci nach der Beschreibung des Engelischen Lerers Bonauenture". [2] Es begleiten den Text 75 Holzschnitte, wovon aber der Titelholzschnitt noch zweimal wiederkehrt, der 2te und 3te Holzschnitt sind einander gleich, der 3te Holzschnitt des IIIten Cap. kehrt als 1ter Holzschnitt des IVten und Xten Cap. wieder, endlich ist der 2te Holzschnitt des Iten Cap. gleich dem 1ten des XIIten Cap. — so dass wir in Wirklichkeit nur 51 von einander verschiedene Illustrationen haben. Die Jahreszahl 1511 tragen: a) der Titelholzschnitt (welcher im ganzen dreimal wiederkehrt), b) der erste Holzschnitt des XIVten Cap., c) der Holzschnitt: „von dem grossen Ablas." Die Jahreszahl 1512 tragen der 1te und 6te Holzschnitt des Capitels von dem „Wunderzaichen". Es würde unsere Darstellung zu sehr ausdehnen, wollten wir über einen jeden Holzschnitt einzeln berichten: es möge genügen, das Nothwendigste anzuführen. Im Allgemeinen können wir bemerken, dass die Darstellungen, welche Scenen im Freien schildern, besser componirt sind, als die in einem geschlossenen Raume. So sehen wir z. B. die

---

[1] Vrgl. Mitteilungen aus dem germ. Nationalmuseum, Bd II. pg 72.

[2] Gedruckt vnd vollendet / In der Kayserlichen stat / Nuremberg durch Hieronymus Höltzel / In Verlegung des Erbern Caspar Rosenthaler yetzundt wohnhafft zu Schwatz. Am sybenden tag des Monats Aprilis. Nach Christi vnsers herren gepúrt Tausent FunfThundert / vñ zwelfften Jare. — Dem Verfasser stand ein Exemplar aus der Landes- und Universitätsbibliothek in Strassburg zur Verfügung, von dem aber das Titelblatt fehlt.

Scene (Cap. II. 3ter Holzschnitt), in der Franciscus im Walde
(nachdem er das Lob des Herrn gesungen) von Räubern über-
fallen wird, als eine lebendige, gut componirte Darstellung aufgefasst; die Flucht des Franciscus und wie er von den Räubern
angefallen wird, ist vortrefflich geschildert, wenn auch die Pferde
keineswegs correct gezeichnet sind. Hinter dieser Composition
steht keineswegs zurück die Illustration zu den Worten (Cap. II.):
Do der Diener Christi zu einer andern zeyt Predigt an dem
gestat des Meeres dem volck / das sich dann drange In anzu-
rüren / vn der man gottes verschmehet die erpietung der eer.
Ist er allain gangen in ein Schiff / das an dem gestat stuendet.
Aber das schiff (als ob es vō ainem vernülftigen bewegt würdt)
hat sich an alle Rueder gezogen in das wasser, werr vō dem
erdtrich. Aber all die das sahen / haben sich verwundert / wann
so daz schiff ein wenigk komen was von dem gestat / ist es
vnbeweglich so lange gestande vndter den Tünen / als lang der
heylig man dem wartendē volck auff dem gestat gepredigt hat.
Do aber die predigt vollendt ward und das volck gesehen het
das wunderwerck / vnd auch empfangen den segen / vnd hyn-
wegk geschayden / ausz aygner layttung ist das schiff wider zu
dem gestat gefuert worden." In dieser Darstellung schuf der
Künstler mit wenigen Mitteln eine annuthige und gefällige Illustration. Er beschränkt sich auf den im Schiff sitzenden Franciscus, welcher predigt und dabei seine Linke gegen das Volk aus-
streckt, welches am flachen Ufer neben einem knorrigen Baum
sitzt und in lebhaftem Gespräch sich unterhält. Würdig und
ernst ist die in der weit offenen Landschaft sich abspielende
Handlung (Cap. III. 3ter Holzschnitt): Franciscus ist auf die
Kniee gesunken, und Gott Vater erscheint ihm in den Wolken,
die Rechte segnend ausgestreckt und auf Franciscus niederblickend.
Wenn aber der Künstler gezwungen war, ein Interieur zu schildern, so scheitert er an der mangelhaften Kenntniss der Perspective; er erweist sich unklar und unbeholfen. So sehen wir ihn
auf dem 2ten Holzschnitt des Iten Cap., wo es galt, den Traum
des Franciscus zu schildern: „Ein grosser kostberlichen palast
mit Ritterlichem harnisch / bezeichnet mit dem Kreuz Christi,"
recht unbeholfen; wir befürchten, dass der Heilige plötzlich aus
dem Bette herausfällt, oder der Harnisch von den Wänden herab-

stürzt, oder der fingirte Palast, in dem der Saal durch eine Säule angedeutet ist, zusammenstürzt. Das Gleiche gilt auch von dem 1 ten Holzschnitt des XV ten Cap.: „Vō der erhebung des seligen Vaters." Auch gibt es Darstellungen, in denen Wolf Traut in Bezug auf die Composition die Mitte zwischen Landschaft und Interieur hält, so z. B. auf dem Holzschnitt: „Von seinen heiligen Wunden." Hier erkennen wir auch den Einfluss Dürer's. Unser Künstler benützte den bei Bartsch VII, pg. 138, 110 angeführten Holzschnitt mit derselben Darstellung, veränderte ihn, indem er den Ordensbruder des Franciscus und den zwischen ihnen stehenden Baum wegliess, zeichnete den ganzen Verlauf der Handlung von der anderen Seite und rückte die Berge näher heran; dagegen änderte er nur wenig an der Körperhaltung und liess, wie Dürer, den Heiland geflügelt [1] in Wolken erscheinen; von seinen fünf Wunden gehen Strahlen, welche in beiden Darstellungen durch starke Linien angegeben sind, nach Händen, Füssen und Brust des Franciscus.

In das Jahr 1512 gehören noch zwei Holzschnitte: a) der Titelholzschnitt, b) der Schlussholzschnitt zu „Strabi fuldensis monachi..." [2] Der erste [3] stellt einen mit niedrigem Zaun umgebenen Garten dar, in welchem vier Jungfrauen beschäftigt sind: zwei pflücken Blumen, die dritte windet einen Kranz und die

---

[1] «An einem morgen des fest der erhebung des heyligen Creutzs / So er bettet in ainer abseytten des perges / hat der göttlich man gesehen vō der hoch der hymel herab steigō einen Seraph / der do gehabt hat Sechs feuren scheinend flugel. Do aber der Seraph mit schnellem behende fliegen komen wer an die stat des lufts / nahendt bey dem man gotes / ist erscheynen unter den flugeln / die gestalt eines Creutzigten mōschens / in Creutz weiss auszgeprygt / hendt vñ fuesz / vū angeheft an dz creuz zwen flögeln waren aufferhebt aber das haubt / Zwen auszgeprayt zufliegen / Zwen bedeckten den ganzen leib. ../ erfrewdt sich in dō genedigem anschn / in welchem er sahe das er vō Christo angesehē wardt vndter der gestalt des Seraphs».

[2] Strabi fuldensis monachi poete suavissimi: quondū Rabani Mauri auditoris Hortulus nuper apud Helvetios in S. Galli monasterio repertus qui Carminis elegantia tam est delectabilis et doctrine cognoscendarum quarundam herbarum varietate utilis Ad drymaldū Abbatem.

[3] Reproducirt in: «Die d. Bücherillust. der Gothik und Frührenaissance» (1460-1530). München, G. Hirth 1884.

vierte begiesst den Garten. Ein nackter Jüngling will durch die Gartenthüre eindringen. Der andere Holzschnitt stellt zwei knieende Engel dar, welche einen Schild mit Abzeichen des Johannes Weissenburger halten. Oberhalb finden sich die Worte:

Impressum Morinberge in oppido Imperiali offi
cinagz dni. Joannis Weyssenburger. Die nono.
Mensis Julij. Anno Salutis 1512.

Wenn uns auch aus dem Jahre 1513 bis jetzt kein Werk von Wolf Traut bekannt ist, so begrüssen wir mit um so grösserer Genugthuung die Zeugnisse seiner Thätigkeit aus dem Jahre 1514; hier treffen wir ihn nicht nur als Zeichner für den Holzstock, sondern auch als Maler. Ihm gehören zwei Illustrationen zu dem „Missale Pataviense"[1] an. Der erste von Bartsch fälschlich dem Dürer zugewiesene Holzschnitt[2] findet sich auf der Rückseite[3] des

---

[1] vergl. Panzer VII. pg 455 Nr. 108.

[2] Nagler. Bd V. pg 180 s. Nr. 900.

[3] Muther-Hirth: Die deutsch. Bücherill. d. Gothik und Frühren. Bd I. pg 267. Nr. 1150 und pg 263. — Was die Deutung des Monogrammes H und F anbelangt, so bleibt uns nichts anderes übrig, als dasselbe für das des Formschneiders zu erklären. Bartsch (VII. pg 452 Nr. 1.), weist unrichtigerweise demselben Meister auch die Holzschnitte 2—7 zu. Es sind dies die Illustrationen zu «Die Brösamlin Doct Keiserspergs vfgelesen von Frater Johann Pauli Strassburg 1517 Bei Johann Grüninger.» Sie haben aber, wie auch W. Schmidt (Rep. XI. pg 353) bereits bemerkte, mit unserem Monogrammisten nichts gemein; auch ist das Monogramm ganz anders gegeben. Der Monogrammist der «Brösamlin» ist hauptsächlich für Kaiserbergs von «Grüninger besorgtem Drucke thätig» (vergl. Gesch. d. deutschen Kunst Bd IV. pg 172.: Kupferstich und Holzschnitt v. C. v. Lützow. Grote 1891). W. Schmidt hat die Vermuthung ausgesprochen (Rep. f. Kunstw. XI 355), dass der Formschneider, der sonst unbekannte Nürnberger Fritz Haner (vergl. F. F. Leitschuh in Rep. f. Kunstw. IX. 68 ff.) sei. Verfasser kann ihm in diesem Punkte nicht beipflichten. Wir finden eine ganz andere Strichführung in beiden Holzschnittwerken. In den Holzschnitten der Bamberger Halsgerichtsordnung sind z. B. die Finger einfach durch Conturen gegeben, auf dem Holzschnitt (Nagler V. 900) des Missale Pataviense dagegen durch Querstriche; die Gesichter auf jenem so z. B. auf dem Blatte mit dem Verse:

Betretten hab ich hie das mein
Schafft nur das als es sol sein

zeigen nur die allernothwendigsten Striche — auf diesem ist eine viel reichere Strichführung zu bemerken.

Titelblattes und stellt den heil. Stephan dar, wie er unter einem Rundbogen steht, der auf zwei mit früchtetragenden Reben umsponnenen Säulen ruht; zu beiden Seiten des heil. Stephan steht je ein Bischof. Seine Lorica hat er schurzförmig mit beiden Händen in die Höhe gehoben und hält darin die aufgelesenen Steine als Symbol seines Märtyrerthums, ausserdem in seiner Rechten einen Palmenzweig. Die beiden Bischöfe sind in vollem Ornate mit Pluviale, grossem Pluvialschluss, Infula und Krummstab dargestellt, der rechte hält ausserdem mit der rechten Hand ein offenes Buch, in das er mit grosser Aufmerksamkeit hineinsieht. Der Blick des anderen Bischofs und des heil. Stephans ist zu Boden gerichtet. Auf den Capitälen der zwei Säulen steht jeweils ein Engel, und beide Engel halten über den Häuptern der drei Gestalten eine stilisirte Guirlande. Eine Infula ist über den Wappen des Bisthums Passau und des Bischofs Virgil Fröschel angebracht. In der rechten Ecke de

Blattes findet sich folgendes Monogramm $\mathsf{L}\,\mathsf{S}\,\mathsf{I}\,\mathsf{Q}$ $\overline{\mathsf{W}}$

und in der Linken folgendes auf den Holzschneider zu deutendes

Monogramm $\boxminus$ — beides bei Hirth und Muther ganz falsch

reproducirt — auch lässt er die Jahreszahl 1514 gänzlich weg. Wir sehen, wie hier unser Künstler sich anschliesst an Dürer's Holzschnitt:[1] „Der Papst Gregor der Grosse zwischen den Märtyrern Stephan und Laurentius", „eines jener Blätter, auf deren Herstellung weder in der Zeichnung noch im Schnitt jene Sorgfalt verwendet wurde, wie auf die Apokalypse und die ersten grossen Holzschnitte." Wir werden Gelegenheit finden, näher auf die

---

Wenn wir endlich uns die Frage vorlegen, ob Wolf Traut selbst in Holz geschnitten hat, so müssen wir uns an die Aussage Neudörfers erinnern, dass er nur als «Maler und Reisser» genannt wird. Wir haben keinen Beweis dafür dass Wolf Traut selbst in Holz geschnitten hat; vielmehr können wir in Anbetracht der Thatsache, dass auf dem eben erwähnten Holzschnitt des Missale Pataviense ausser des Zeichner's Monogramm noch ein anderes sich befindet, welches wir nach anderen analogen Fällen für das des Formschneiders zu halten geneigt sind, nicht annehmen, dass Wolf Traut selbst in Holz geschnitten hat.

[1] Bartsch VII. pg 138 Nr. 109.

Verwandtschaft dieser zwei Blätter zurückzukommen. Der zweite Holzschnitt des Missale Pataviense stellt den gekreuzigten Heiland dar in landschaftlichem Hintergrund und Maria und Johannes, die zu Seiten des Kreuzesstammes stehen — würdige und edle in Dürer's Geiste gedachte Gestalten. Das Blatt trägt die Jahreszahl 1514. Ausser diesen zwei grossen Holzschnitten finden sich noch eine Anzahl von grossen und kleinen illustrirten Initialen, die W. Schmidt[1] ebenfalls für Wolf Traut in Anspruch nehmen möchte. Sie erscheinen uns aber alle dermassen verschieden von der Art der Zeichnung unseres Künstlers, so viel roher und ungeschickter, dass wir sie ihm nicht zuweisen können.

In dasselbe Jahr gehört das aus der Kirche zu Artelshofen in Mittelfranken stammende, im National-Museum zu München aufgestellte Altarwerk[2] Da dasselbe wiederholt beschrieben wurde, so wollen wir eine ausführliche Beschreibung desselben unterlassen und verweisen für das Nähere auf Stiassny,[3] W. Schmidt[4] und G. Hager.[5] Das Altarwerk stellt in offenem Zustande als kleeblattförmiges Mittelbild die heil. Sippe dar. Auf dem linken Flügel sind die heil. Laurentius und Stephanus, und in einer Nische unterhalb von ihnen hält ein Engel das Wappen der Harsdörfer. Auf dem rechten Flügel sind die heil. Christophorus und Sebastian, und wiederum hält in einer Nische unterhalb von ihnen ein Engel das Wappen der Viatis; rechts neben der Nische ist das bei Nagler (V. Nr. 1932) wiedergegebene Monogramm und die Jahreszahl 1514 angebracht. Diese drei Bilder haben landschaftlichen Hintergrund; besonders zart und in der Perspective vorzüglich ist das Mittelbild. In Bezug auf landschaftlichen Reiz können wir W. Traut am besten mit Ulrich Abt[6] vergleichen. Klappen

---

[1] W. Schmidt, Rep. für Kunstw. XII. pg 300 ff.

[2] Nagler V. 1932. Unrichtig spricht hier Nagler auf dem Mittelbilde von den h. drei Königen, sie sind richtig von G. Hagen (siehe Anm. 30) als: „Die 3 Männer der h. Anna" gedeutet.

[3] Lauser's Chronik XI. pg 814 ff.

[4] Berichtigung von W. Schmidt in Rep. für Kunstw. XI. pg 353.

[5] Kunstchronik XXIV. pg 579 ff. und 598 ff.

[6] München, alte Pinakothek Nr. 292a. — Ulrich Abt, geb. um 1460, gest. 1532.

wir nun die beiden Flügel des Altarwerkes zu, so sehen wir auf dem linken Flügel den heil. Bernhard mit Kette und einen anderen Heiligen, mit offenem Buch und Palmzweig dargestellt; zu ihren Füssen kniet der Donator. Auf dem rechten Flügel sind wiederum zwei Heilige: Conrad mit Kelch und Spinne und ein Bischof ohne Abzeichen mit Krummstab und Sudarium; zu ihren Füssen die knieende Frau des Donators. An den feststehenden Seitentafeln bemerken wir links die heil. Catharina und das Wappen der Harsdörfer, rechts die heil. Felicitas und das Wappen der Viatis. Sämmtliche Gemälde sind auf Kreidegrund gemalt und neuerdings von Hauser in München vortrefflich restaurirt. Das Colorit ist in hellen Farben gehalten und gibt den Bildern etwas Heiteres und Anmuthiges. Wolf Traut erweist sich in denselben als ein geübter Meiser in der Composition und Pinselführung; bei dem Mittelbilde tritt noch dazu eine einschmeichelnde liebenswürdige Auffassung zu Tage. Mit anmuthiger Geschicklichkeit gruppirt er, und obgleich er auf dem Mittelbilde fünf für sich ganz geschlossene Gruppen bildet, hat man doch das Gefühl der Zusammengehörigkeit aller Personen. Einen besonderen Zauber weiss er zu erreichen durch prächtige Blicke in eine ferne Landschaft und durch die in Wolken Gott Vater umgebenden, musicirenden Engel.

Zu den Künstlern, welche an der „Ehrenpforte des Kaisers Maximilian I." mitgearbeitet haben, gehört auch Wolf Traut. Seine Thätigkeit dürfte wohl in das Jahr 1515 fallen; denn wir können mit ziemlicher Sicherheit annehmen, dass sämmtliche Zeichnungen in diesem Jahre fertig gestellt waren. S. Laschitzer[1] hat richtig erkannt, dass jene von E. Chmelarz[2] „vermuthungsweise" dem Hans Springinklee zugewiesenen elf historischen Darstellungen in Bezug auf die Zeichnungen von der Hand Wolf Trauts herrühren. Sie befinden sich auf Tafel 19, 20 und 26. Es sind dies folgende Holzschnitte:

Nr. 1 stellt Maximilian dar: „der uns hier entgegentritt in
ganzem Harnsich mit Scepter und Reichsapfel" etc.

---

[1] a. a. O. Bd VIII. pg 79 s.
[2] Jahrb. der kunsth. Sammlungen des allerhöchsten Kaiserhauses. Bd IV.
pg 307 s.

Nr. 4 schildert Maximilians Sieg bei Grünegate und Tero-
vanne in der Picardie.

Nr. 5 schildert den „Kampf gegen Karl den Geldern".

Nr. 6 schildert Kampfscene gegen die Flandrer.

Nr. 7 und 8 schildern Kampfscenen gegen die Flandrer.

Nr. 11 und 12 schildern „die Schmach, welche dem deutschen
König persönlich durch Karl VIII. von Frankreich
angethan wurde".

Nr. 16 : Die deutschen Stände beschliessen wohl den Reichs-
krieg gegen die Schweizer.

Nr. 17 : „Vertreibung der Franzosen aus Italien (1495)."

Nr. 18 : „Maximilian macht dem bairisch-pfälzischen Erb-
folgekrieg ein Ende."

Unseres Erachtens ist Wolf Traut ferner der Holzschnitt
Nr. 9 : „Das römische Reich um solche that" etc. zuzuweisen.
Wir kommen auf diese Holzschnitte im zweiten Abschnitt zurück.

Wenn wir der weiteren künstlerischen Thätigkeit von Wolf
Traut nachgehen, so wäre aus dem Jahre 1516 das Blatt „Jesus
nimmt Abschied von seiner Mutter"[1] zu nennen. Die früheren
Abzüge sind in der linken Ecke mit des Künstlers Monogramm[2]
und der Jahreszahl 1516 bezeichnet und bringen in drei Abtheilungen darunter das Gedicht :

O Mensch gedenk in deinem Herzen u. s. w.

Wir finden wiederum Dürer als Geber und Wolf Traut als
Empfänger. Letzterer benützte für seine Darstellung aus Dürer's
Leben der Maria[3] das Blatt mit der gleichen Darstellung, aber
die beiden Blätter zeigen Abweichungen von einander. Dürer
wählt den Augenblick, wo Christus bereits von seiner Mutter,
welche zu Boden gesunken ist, sich entfernen will und ihr die
letzten Worte zuruft, seine Rechte emporhaltend. Die zu Boden
gesunkene Mutter wird am völligen Hinsinken durch eine hinter

---

[1] Abgebildet bei A. v. Derschau, Holzschnitte alter deutscher Meister in
den Original-Platten. Gotha bey dem Herausgeber 1808 — unter B 4 erwähnt.

[2] Zani, Enciclopedia metodica-critico-ragionata delle belli arti Part II., Vol. II.
(Parma 1821). pg 80.

[3] Bartsch VII. pg 132 Nr. 92. — Nagler V. Nr. 900.

ihr stehende Frau gehindert. Eine dritte Frau steht wiederum
hinter ihr. Die Handlung geht unter einem Thürsturz vor sich.
Im Hintergrund erhebt sich die Stadt Jerusalem, wobei für uns
am meisten das grosse Haus mit dem dreieckigen Giebelfeld,
ferner ein Rundbau in Betracht kommen. Auf der andern Hälfte
des Blattes befindet sich rechts (vom Beschauer aus) neben
Christus ein grosser dürrer Baum. Hier öffnet sich eine weite
Thalsicht. In des Thales Tiefe ist eine Stadt mit einem Rundbau
bemerkbar. So weit die Darstellung bei A. Dürer. Und wie stellt
Wolf Traut den Abschied Christi von seiner Mutter dar? Das
Compositionsschema behält er bis zu einem gewissen Grade bei,
wählt aber den Moment, wo Christus seiner Mutter die Hand zum
Abschied gereicht hat. Sie ist auf das rechte Knie gesunken: ein
gewaltiger Mantel, ganz ähnlich dem auf der Kreuzigungsdarstel-
lung des Missale Pataviense, umhüllt die ganze Gestalt. Drei
Frauen stehen hinter ihr. Die Handlung findet vor dem Thürsturz
statt, von dem nur ein Theil sichtbar ist. Aber die gleiche Stadt
wie auf Dürer's Darstellung (wenn auch etwas verändert und dem
Beschauer näher gerückt) erscheint als Hintergrund; das Haus
selber mit dem dreieckigen Giebelfeld und der Rundbau sind beibehalten; am Hause selber erscheinen die fünf Rundfenster wie
bei Dürer, sind aber hier besser sichtbar, weil der Thürsturz nur
angedeutet ist. Auf beiden Bildern steigt aus zwei Kaminen Rauch
auf. Aber ein neues, bei Dürer nur angedeutetes Motiv tritt hinzu
und wird mit der Abschiedsscene in nähere Verbindung gebracht:
die zwölf Apostel, welche bei Dürer nur in der Ferne sichtbar
sind, stehen hier in unmittelbarer Nähe bei Christus. Bei Dürer
erscheinen sie ganz winzig klein, sich in das Thal herabbewegend.
hier sind sie direkt hinter Christus am Fusse eines Hügels gruppirt. Der grosse dürre Baum ist beibehalten, tritt aber in die
Mitte der Composition; auch fehlt der den Garten umgebende
Zaun in beiden Darstellungen nicht, — und wiederum in Fern-
sicht erhebt sich die uns bekannte Stadt mit dem Rundbau. So
sehen wir, wie Wolf Traut die Composition Dürer's stark benützt,
sie aber in der geschilderten Weise verändert. Dass er sich gerade bei diesem Blatte an Dürer's Composition gehalten hat, steht
ohne Zweifel. Für die Darstellung des Mantels der Maria geht er
sogar so weit, dass er den mächtigen Mantel der Madonna mit

brüchigen Falten aus Dürer's Darstellung des Abschieds Christi von seiner Mutter [1] übernommen hat.

In dasselbe Jahr oder spätestens zu Anfang des Jahres 1517 gehören drei Holzschnitte von ihm. Es sind dies Arbeiten für den „Theuerdank". Laschitzer [2] hat mit Recht die Hand unseres Künstlers in denselben erkannt. Es sind dies die Holzschnitte Nr. 40 und 79; ferner Nr. 123 (Schulte'sche Ausgabe von 1679). Noch zu lösen ist das Räthsel, wie diese Holzschnitte zu dem Theuerdank gekommen sind. Es ist aber kein Zweifel, dass sie von unserem Künstler herrühren, wie dies noch später erörtert werden soll.

Das Jahr 1518 weist den sauber ausgeführten Holzschnitt auf, den W. Schmidt [3] auf Wolf Traut deutete; derselbe ist eine vortreffliche Illustration zu der bekannten Legende des heil. Augustinus: [4] „Als derselbe (Augustinus) eines Tages am Strande des Meeres nachdenkend über das Geheimniss der Trinität wandelte, soll er nach der Legende einen Knaben erblickt haben, der bemüht war, mit einem Löffel das Meer auszuschöpfen. Als Augustinus dies für unmöglich erklärte, erwiderte ihm der Knabe, ebenso unmöglich sei die Ergründung des Geheimnisses der Dreieinigkeit, und verschwand."

Die letzten Arbeiten des Wolf Traut, nach deren Vollendung er bald starb, galten dem Halle'schen Heiligthumsbuch von 1520. Wohl auf direkte Empfehlung Dürer's hin erhielt er den Auftrag, die Zeichnungen zu demselben auszuführen. Er ist der Hauptkünstler derselben, denn ihm können wir von den 237 Holzschnitten nicht weniger als 194 zuweisen. Es sind dies folgende:

5 Rs.; 6 Sts ; 6 Rs.: 7 Sts.; 8 Sts.; 9 Sts.; 9 Rs. o. und u.; 10 Sts.; 10 Rs.; 11 Rs. o. und u.; 12 Sts.; 12 Rs.; 13 Rs ; 14 Sts.; 15 Sts.; 15 Rs.; 16 Sts. u.; 17 Rs.; 18 Sts.; 18 Rs.; 19 Sts.; 20 Sts.; 20 Rs.; 22 Rs.; 23 Sts.; 23 Rs.; 24 Sts.;

---

[1] Bartsch VII. pg 119 Nr. 31.

[2] a. a. O. VIII. 79 s.

[3] Rep. für Kunstw. XII. 300 ff.

[4] Passavant III. pg 203 Nr. 245. — Publicirt in: «Meister-Holzschnitte aus vier Jahrhunderten herausgeg. von G. Hirth und R. Muther München, Leipzig 1890. G. Hirth's Kunstverlag Taf. 60.

24 Rs.; 25 Sts.; 25 Rs.; 26 Sts.; 26 Rs.; 27 Sts.; 27 Rs.;
28 Sts.; 29 Sts.; 30 Rs.; 31 Sts.; 32 Sts.; 32 Rs.; 33 Sts.;
33 Rs.; 36 Rs.; 37 Sts.; 37 Rs.; 38 Sts.; 38 Rs.; 39 Sts.;
39 Rs.; 40 Sts.; 41 Rs.; 43 Sts.; 44 Sts.; 44 Rs.; 45 Rs.;
46 Sts.; 47 Rs.; 48 Sts.; 48 Rs.; 49 Sts.; 49 Rs.; 50 Sts.;
50 Rs.; 51 Sts.; 51 Rs.; 52 Sts.; 52 Rs.; 53 Sts.; 53 Rs.;
54 Sts.; 54 Rs.; 55 Sts.; 55 Rs.; 56 Rs.; 57 Sts.; 58 Sts.;
58 Rs.; 59 Sts.; 59 Rs.; 60 Sts.; 61 Rs.; 62 Sts.; 62 Rs.;
63 Rs.; 64 Sts.; 64 Rs.; 65 Sts.; 65 Rs. r.; 66 Sts.; 66 Rs.;
67 Sts. l. und r.; 67 Rs.; 68 Sts.; 68 Rs.; 69 Sts.; 70 Sts.;
70 Rs.; 71 Sts.; 71 Rs.; 72 Sts.; 72 Rs.; 73 Sts.; 73 Rs.;
74 Sts. l. und r.; 74 Rs. l. und r.; 75 Sts.; 77 Sts.; 77 Rs.;
78 Rs.; 80 Sts. u.; 81 Sts.; 82 Rs.; 83 Rs.; 84 Sts.; 84 Rs.;
85 Rs.; 86 Sts. o.; 86 Sts. u.; 86 Rs.; 87 Sts.; 87 Rs.; 88 Sts.
r. und l.; 88 Rs.; 89 Sts. l.; 89 Sts. r.; 90 Sts.; 90 Rs. o. und u.;
91 Sts. l. und r.; 92 Sts.; 92 Rs.; 93 Sts.; 93 Rs. l. und r.;
94 Sts.; 94 Rs.; 95 Sts.; 96 Sts; 97 Rs. l. und r.; 98 Sts.;
98 Rs. l. und r.; 99 Sts.; 99 Rs.; 100 Sts.; 100 Rs. r.; 101 Sts.;
101 Rs.; 102 Sts. r.; 102 Sts. l.; 102 Rs. l. und r.; 103 Sts.;
103 Rs.; 104 Sts. l. und r.; 104 Rs.; 105 Sts.; 105 Rs.; 106 Sts.
l. und r.; 106 Rs.; 107 Sts.; 107 Rs.; 108 Sts.; 109 Sts.; 109 Rs.;
110 Sts.; 110 Rs.; 111 Sts.; 111 Rs.; 112 Sts.; 113 Rs.; 114 Rs.;
115 Rs.; 116 Sts.; 116 Rs.; 117 Sts.; 118 Rs.; 119 Sts. l. und r.;
119 Rs.; 120 Rs.; 121 Sts.

Die Arbeiten des Wolf Traut und die Fertigstellung der
194 Holzschnitte war wohl bis ungefähr October des Jahres 1520
vollendet; denn der Holzschnitt, welcher die goldene Rose darstellt, ist nicht nach der Zeichnung von Wolf Traut. Wir wissen,
dass Cardinal Albrecht am 25. October 1520 die goldene Rose
erhielt. Um diese Zeit muss Wolf Traut bereits nicht mehr in
Halle gewesen sein; denn er verfertigte die Zeichnung zu dem
Holzschnitte nicht. Sie ist von dem bald zu besprechenden unbekannten Künstler, den wir mit „A“ bezeichnen wollen, hergestellt.

Die Drucklegung des Halle'schen Heiligthumsbuches muss
wegen der goldenen Rose erst ganz gegen Ende des Jahres 1520,
jedenfalls nicht vor November erfolgt sein.

Endlich sei noch der von Passavant, Bd. IV, pg. 173, 1

unserem Künstler zugewiesene Kupferstich: „L'adoration des rois" erwähnt. Von Wolf Traut kennen wir keinen Kupferstich. Durch die Freundlichkeit der Direction der University Galleries in Oxford habe ich eine Photographie in Originalgrösse derselben erhalten. Der etwas derb und schwach ausgeführte Kupferstich trägt den Charakter eines wenig geübten Künstlers, hat mit Wolf Traut nichts zu thun und erscheint uns als eine Copie nach einem Holzschnitt. Leider konnte Verfasser über denselben keinen näheren Aufschluss erhalten. Herr Dr. Max Lehrs wird an den niederrheinischen Monogrammisten W. J. (verschlungen) erinnert.

Der Stil des Wolf Traut.

Fassen wir den Stil unseres Künstlers näher in's Auge, so finden wir, dass er mit Vorliebe die Köpfe klein und rundlich (manchmal ganz rund) und zu klein bildet. Eine Schönheit, geschweige eine ideale Schönheit, ist ihm fremd geblieben, im Gegentheil liebt er seine Typen recht hässlich darzustellen. Dies geht deutlich aus seinen Arbeiten für die „Legende des heil. Vaters Franciscus" hervor. Hier zeichnet er gerne die Nase stumpf, so z. B. auf der Darstellung von 1511, wo Franciscus die Stigmen erhält. Denselben Franciscustypus finden wir auf dem Blatte des „heil. Augustin" von 1518 wieder. Diesen Zug und diese Vorliebe für hässliche Nasenzeichnung und kleine Augen behält er lange bei; sie kehren ausser auf dem eben genannten Holzschnitte des „heil. Augustin" wieder in seinen Arbeiten für die „Ehrenpforte" des Kaisers Maximilian, z. B. auf Blatt Nr. 11 ferner auf Blatt Nr. 79 des „Theuerdankes". Vergleichen wir z. B. den Typus des knieenden Mannes auf Blatt Nr. 11 mit dem des Franciscus auf dem oben genannten Blatte, so bestätigt sich hierdurch unsere Ansicht. Aber ebenso gerne zeichnet er eine grosse und gebogene Nase und hässlichen Typus gleichzeitig, so sehen wir dies an dem sitzenden Bischof (2ter Holzschnitt des II. Cap.) der „Legende des heil. Vaters Franciscus"; vergleichen wir ihn mit einem der Bischöfe des Holzschnittes (Nagler V, 900) des Missale Pataviense, oder mit den Holzschnitten des H II. von 1520,

70 Sts. ; 71 Rs. : 73 Rs. etc., oder mit dem Holzschnitt Nr. 9 der „Ehrenpforte", so finden wir diese Vorliebe für hässliche Gesichtszeichnung. Diese unschöne Bildung der grossen und gebogenen Nase ist übrigens nicht nur allein bei Wolf Traut vorhanden. Wir finden sie in Nürnberg um diese Zeit ebenfalls in ganz analoger Weise auf den Verwandtschaftsbildern des Kaisers Maximilian auf der Ehrenpforte, ganz besonders auf dem Holzschnitte mit der Darstellung des „Bonifacius gebore von Sachse Ertzbischof zu Maintz" etc., und „Jacob geboren von baden ertzbischof zu Trier" etc., und „Ludwig pfalzgraf bey Rein" etc. Wir müssen hier aber auf einen ferneren, vielleicht den schönsten Typus Wolf Traut's aufmerksam machen, bei welchem wir nicht nur den direkten Einfluss von Dürer's St. Stephan- und Laurentiustypus, sondern auch den Einfluss seiner Gestalten nachweisen können. Es ist dies der Typus des heil. Stephanus auf dem Holzschnitte (Nagler, Bd. V, Nr. 900) des Missale Pataviense. Hier sehen wir, wie Wolf Traut sich eng an die heil. Laurentius und Stephanus auf Dürer's Holzschnitt : „Der heil. Georg zwischen den Märtyrern Stephan und Laurentius" (Bartsch VII. pg. 138 Nr. 109) anschliesst. Denn er führt uns den heil. Stephanus ganz auf die gleiche Weise vor wie Dürer; um dies zu constatiren, genügt es, diese beiden Holzschnitte nebeneinander zu halten; und wenn wir die Hand des Wolf Traut in dem H. H. v. 1520 constatiren wollen, so vergleichen wir den heil. Stephan des bei Nagler Bd. V, 900 citirten Holzschnittes des Missale Pataviense mit dem heil. Stephanus des H. H. v. 1520 58 Rs. Das gleiche gilt von dem heil. Stephan auf dem Artelshofer Altarwerke. Bei den eben erwähnten vier Darstellungen des heil. Stephanus finden wir nicht nur die Typik, sondern auch die Darstellung der Lorica ist die gleiche, und wir sehen, dass Wolf Traut entweder die Figur des heil. Stephanus oder des heil. Laurentius von Dürer's oben genannten Holzschnitten vor Augen hatte.

Finden wir aber auch auf dem Artelshofer Altarwerke (besonders wenn die Seitenflügel zugeklappt sind) etwas allzusehr in die Höhe geschossene Gestalten mit allzu kleinen Köpfen dargestellt, so ist dies nicht zu verwundern; sehen wir doch, wie Wolf Traut sich nicht darauf beschränkt, die Grössenverhältnisse seiner Gestalten stets auf die gleiche Weise zu geben. Vorherrschend sind bei ihm die etwas gedrungenen Gestalten, wie au den Holzschnitten zu der „Legende des heiligen Vaters Franciscus" und bei den erwähnten Blättern des „Theuerdankes". Aber ebenso hat er Sinn und Verständniss für das Erhabene und Grosse, wenn wir auch zugeben müssen, dass er sich darin an Dürer eng anschliesst; wir denken hierbei an die würdige Gestalt der Maria auf dem 2ten Holzschnitt des Missale Pataviense; auf demselben erscheint nicht nur die Mutter Christi, sondern auch der Johannes gross und edel. Die Mitte zwischen gedrungenen und erhabenen Gestalten nehmen die Figuren auf den Holzschnitten „St. Augustin" „Jesus nimmt Abschied von seiner Mutter" und die Apostel- und ganzen Heiligen-Gestalten aus dem Halle'schen Heiligthumsbuch ein. Wir sehen Wolf Traut in der Darstellung der zwölf Apostelgestalten des HH. von 1520 als einen ausgezeichneten, in jeder Weise geübten Künstler. Seine Apostelfiguren sind mächtige und gewaltige Erscheinungen, sicher in der Zeichnung und auch mit wenigen Abweichungen an die Originale angeschlossen. Bereits in den Aposteln des Holzschnittes „Jesus nimmt Abschied von seiner Mutter" sehen wir, wie Wolf Traut dem Ideal Dürer's, würdige und grossartige Apostelgestalten darzustellen, nachstrebt; aber dasselbe erreicht er erst in den einzeln auf Postamenten stehenden Apostelgestalten des HH. von 1520. Da schuf er jene ausgezeichneten Blätter, welche die besten Arbeiten unseres Meisters ausmachen. Der Künstler musste sich an seine schönen silbernen und vergoldeten Modelle halten, er wusste aber aus diesen starren Metallfiguren lebendige Gestalten zu schaffen. Vergleichen wir die Gestalt des Apostels Petrus (HH. 47 Rs. = H. 27) mit der Petrusfigur auf dem Blatte „Jesus nimmt Abschied von seiner Mutter", so finden wir die frappanteste Aehnlichkeit; das gleiche gilt von Paulus im HH. von 1520, 48 Sts. und auf dem Blatte des Abschieds Christi von seiner Mutter. Vielleicht wäre die allzu kleine Bildung der Augen in diesen würdigen Apostelgestalten des HH. von 1520 zu tadeln, und ebenfalls das etwas allzu starke Spreizen der grossen Zehe.

Charakteristisch ist ferner für Wolf Traut die Art und Weise, wie er seine Putti's darstellt. Sie sitzen oder ruhen auf einem Knie und sind meistens als Wappenschildträger aufgefasst. Wir sehen eine eigenthümliche, wenig natürliche Beinstellung, wobei

der Fuss verhältnissmässig zu gross ist und die grosse Zehe von
den anderen merklich absteht, so z. B. auf 5† Rs. des HH. von
1520 oder bei den zwei Wappenschilde haltenden Putti's des
Artelshofer Altarwerkes. Das gleiche gilt von den ein Reliquia-
rium tragenden Putti's auf 66 Sts. des HH. von 1520 und von
denen auf dem Schlussholzschnitt des „Strabi fuldensis monachi —
hortulus", — ferner von dem Knaben auf dem Holzschnitte
„St. Augustin", welcher das Meer ausschöpfen will.

Was die Ornamentik, insbesondere das Rankenwerk, die Mascarons, die Voluten etc. des Halle'schen Heiligthumsbuches anbelangt, so gibt sie Wolf Traut durch kräftige und schwungvolle
Linien und zeigt dabei eine grosse Sicherheit in der Zeichnung.
Mit Vorliebe verwandelt er die gothischen Formen (besonders die
der Monstranzen) in vegetabilische, indem er Beerenfrüchten mit
Blättern den Vorzug gibt. Ebenso umzieht er häufig die Sockeln
der Heiligengestalten, nach Analogien des Wittenberger Heilig-
thumsbuches von 1509, mit Trauben und Blättern oder stilisirtem
Laubwerk, öfters in Verbindung mit Voluten. Wir sehen seine
Vorliebe für Rebgewinde (Trauben mit Blättern) auch an den
Säulen des Mittelbildes des Artelshofer Altarwerkes und in ganz
analoger Weise wiederum auf dem im gleichen Jahre entstandenen
Blatte des „Missale Pataviense". (Nagler V, 900.)

Noch sei das Landschaftliche hier erwähnt. „Ganz besonders
charakteristisch für diesen Künstler ist aber die Darstellung der
Bäume und Gebüsche, erstere mit kahlen Aesten und letztere mit
den knorrigen, gebogenen und gewundenen Stämmchen und der
daran angesetzten eigenartigen Schraffirung, die stets nach oben
ausgebogen erscheint."[1] Unseres Erachtens hat S. Laschitzer mit
grossem Scharfblick auch aus der Darstellung der Landschaft erkannt, dass dem Künstler, welchem das Blatt „Jesus nimmt
Abschied von seiner Mutter" gehört, auch die oben angeführten
Illustrationen zum „Theuerdank" und zur „Ehrenpforte" zuzuweisen sind. Das kleine krumme Gesträuch, die knorrigen Bäume
treffen wir bereits in seinen landschaftlichen Darstellungen in der
Legende des heiligen Vaters Franciscus (welche Laschitzer nicht
zu kennen scheint) an; wir sahen bereits, dass auf dem 2ten

---

[1] S. Laschitzer a. a. O. Bd VIII. pg 78 ff.

Holzschnitt des XII. Cap. ein solcher Baum mit knorrigem Stamm vorkommt, ferner sehen wir dies auf dem 1ten Holzschnitt des VII. Cap. Der dürre Baum auf HII. 63 Rs. und die auf dem Holzschnitte Nr. 123 der Schultes'schen Ausgabe des „Theuerdankes" von 1679 sind auf gleiche Weise gegeben. Vergleichen wir ferner den Baumschlag auf dem Holzschnitte mit der Darstellung: Franciscus erhält die Stigmen, mit dem des Blattes Nr. 18 der „Ehrenpforte", so müssen wir in beiden Blättern die Hand eines und desselben Künstlers erkennen. Die Darstellung des Tannenbaumes ist z. B. auf Nr. 18 der „Ehrenpforte" und auf dem 2ten Holzschnitt des IV. Cap. der genannten Franciscuslegende ganz dieselbe, ebenso auf Blatt Nr. 79 des „Theuerdankes".

Noch sei hier etwas erwähnt, was für Wolf Traut ebenfalls bezeichnend ist. Er setzt nämlich gerne eine kleine Kirche mit verhältnissmässig zu grosser Absis in seine Landschaften hinein, so auf den Holzschnitten der Legende des heil. Vaters Franciscus (Holzschnitt Nr. 2 des X. Cap.), ferner auf dem mit der Jahreszahl „1514" bezeichneten Holzschnitt des Missale Pataviense, ferner auf dem Blatte „St. Augustin". Vielleicht ist dies aus Dürer's Holzschnitt, Bartsch VIII, pg. 138, Nr. 110 (Franciscus erhält die Stigmen) übernommen.

Die Thätigkeit anderer Künstler an dem Halle'schen Heiligthumsbuch.

Der Künstler A:

Bei der Betrachtung der Holzschnitte des Halle'schen Heiligthumsbuches von 1520 erkennt man auf den ersten Blick, dass eine Reihe derselben eine ganz besondere Gruppe für sich bildet und mit Wolf Traut nichts gemein hat. Es sind dies folgende 37 Holzschnitte: 2 Sts.; 3 Sts.; 3 Rs.; 4 Sts. u.; 4 Rs.; 7 Rs.; 11 Sts.; 16 Sts. o.; 21 Sts.; 22 Sts.; 29 Rs.; 30 Sts.; 34 Sts.; 34 Rs.; 35 Sts.; 41 Sts.; 42 Sts.; 42 Rs.; 43 Rs.; 46 Rs.; 57 Rs.; 60 Rs.; 61 Sts.; 63 Sts.; 65 Rs. l.; 75 Rs.; 76 Sts.; 76 Rs.; 78 Sts.; 79 Rs.; 80 Sts. o.; 80 Rs.; 85 Sts.; 96 Rs.; 97 Sts.; 100 Rs. l.; 118 Sts. Wenn sie auch Cranach nicht

selbst zuzuweisen sind, so müssen wir zugeben, dass sie „sehr
dem Cranach verwandt sind": und sie mögen früher Anlassung
dazu gegeben haben, das ganze Halle'sche Heiligthumsbuch Cranach
zuzuweisen. Sehr zutreffend schildert W. Schmidt [1] die dem
Cranach nahe stehenden Holzschnitte: „Eine gewisse Unregel-
mässigkeit, kleine Krümmungen der Striche, verzwickte Typen
sind in diesen Blättern theilweise sichtbar, dann ist charakteristisch
die eigenthümliche, hässliche Fingerzeichnung" Die kleinen Krümmungen treten besonders häufig an den Gesichtern auf, so z. B.
auf 2 Sts. (H. 3); 7 Rs. (H. 10); 22 Sts. (H. 8): 35 Sts.; 36 Sts.
(H. 67); 41 Sts.; 42 Rs.; 43 Rs.; 57 Rs. (H. 23); 60 Rs.;
65 Rs. l.; 76 Sts.; 76 Rs. (H. 74); 79 Rs. (H. 65); 97 Sts.
(H. 61); aber ebenso wenig fehlen die „verzwickten Typen":
siehe z. B. den heil. Erasmus auf dem Titelblatt 2 Sts. (H. 3),
ferner 7 Rs. (H. 10); 16 Sts. o. (H. 16); 22 Sts. (H. 81); 42 Rs.,
ganz besonders aber 57 Rs. (H. 23); 65 Rs. l.; 76 Sts. und
76 Rs. (H. 74). Bei manchen dieser Typen finden wir die
frappanteste Verwandtschaft mit Typen aus dem Wittenberger
Heiligthumsbuche von 1509, und es ist nicht zweifelhaft, dass der
Zeichner unserer Blätter ein direkter und zwar begabter und dem
Meister nahe stehender Schüler oder Gehülfe gewesen sein muss:
dass er dem Cranach so nahe steht, beweist der Umstand, dass
zwischen manchen Holzschnitten des Wittenberger Heiligthumsbuches und des Halle'schen Heiligthumsbuches so grosse Aehnlichkeit vorhanden ist. So sehen wir z. B. das Morose und Asketische
vorzüglich zum Ausdruck gebracht in W. H. Gg. VIII, Zt. 5ten
Gg. VII, Zt. 9ten und wiederum im H. H. 43 Rs.; 65 Rs.; 76 Sts.
Eine völlige Uebereinstimmung in der Behandlung der Typen und
des Haares gibt sich kund in den Blättern W. H. Gg. VII, Zt.
2ten, Gg. VI, Zt. 10ten und wiederum in Johannes H. H. 17 Rs.
(H. 10), oder man betrachte die Haarbildung des Bartholomäus
W. H. Gg. VI, Zt. 11ten und die von H. H. 4 Rs. (H. 7). Aber
am allermeisten bestätigt sich unsere Annahme in Bezug auf die
Bildung des Typus und des Haares, wenn wir H. H. 16 Sts. o.
(H. 16) und 22 Sts. (H. 81) mit W. H. Gg. VIII, Zt. 10ten ver-
gleichen; die Bildung des Haares stimmt völlig überein, das Haar

---

[1] Repr. für Kunstw. Bd XII, pg 300 ff.

ist krausig, beinahe wollig, mit möglichst viel Lichtpartien gegeben. Auch die hässliche Fingerzeichnung tritt in beiden Werken
auf, so z. B. W. II. Gg. VI, Zt. 2ten, 3ten und II. II. 36 Sts.
(II. 67). Aber noch in einem Punkte sind Analogien zwischen
dem Wittenberger und Halle'schen Heiligthumsbuche zu konsta-
tiren: in der Bildung der Ornamentik und der fingirten Thiere.
Während wir bei der Ornamentik des Wolf Traut eine kräftige
Linienführung wahrnahmen, so ist hier gerade das Entgegengesetzte
zu sagen. Deutlich wird uns dies, wenn wir z. B. die Edelsteine
mit ihren Gehäusen an dem Pluviale des Erzbischofs Ernst auf
dem Titelholzschnitt 2 Sts. (II. 3) betrachten oder die Ornamentik
an den Sockeln zu den Heiligengestalten, so z. B. 36 Sts. (II. 67);
4 Rs. (II. 7); 22 Sts. (II. 81); ganz besonders sind die vielge-
zackten Blätter mit scharfen Spitzen charakteristisch: 79 Rs. (II. 65);
96 Rs. (II. 64); 97 Sts. (II. 61); man vergleiche damit die Blätter
an dem Sockel des Gegenstandes W. II. Gg. V, Zt. 4ten; doch
erscheinen uns diese Blätter in der Zeichnung etwas dürr und
zaghaft. Dagegen sind um so vorzüglicher und mit der ganzen
Sicherheit des Künstlers die an vielen Gegenständen angebrachten
Mascarons: 11 Sts. (II. 14); 34 Rs.; 57 Rs. (II. 23), sie ver-
rathen eine grosse Geschicklichkeit in der Zeichnung und Sinn
für das Groteske. Ihnen verwandt und nicht nachstehend sind
die verschiedenen Thiere, die entweder als Träger der einzelnen
Gegenstände dienen oder mit den Füssen derselben direkt verbunden sind: 142 Rs.; 41 Sts.; 57 Rs.; 77 Rs. (II. 63); 34 Rs.;
11 Sts. II. 14); 35 Sts.; 42 Sts., sie verdienen, neben die ähn-
lichen Darstellungen im Wittenberger Heiligthumsbuch gestellt zu
werden, so z. B. neben W. II. Gg. IV, Zt. 11ten oder Gg. III,
Zt. 6ten und 9ten, etc.

Wir ersehen also, dass ein inniger Zusammenhang zwischen
dem Halle'schen und dem Wittenberger Heiligthumsbuch vorhanden ist; es genügt uns constatirt zu haben, dass unser Künstler,
dem die 37 Holzschnitte zuzuweisen sind, entweder ein direkter
Schüler oder vielleicht besser gesagt ein Gehülfe Cranach's gewesen ist. Unseres Erachtens ist er identisch mit einem jener
Künstler, welche mit dem Pseudo-Grünewald zusammengearbeitet
haben. Denn unter dem in neuester Zeit gebräuchlich gewordenen
Namen „Pseudo-Grünewald" verbergen sich verschiedene Künstler.

„Dass infolge der Doppelstellung des Albrechts als Erzbischof von Magdeburg und Halberstadt ein lebendiger Verkehr der unter Cranach blühenden Wittenberger Schule mit den von Albrecht vom Ober- und Mittelrhein herangezogenen Künstlern stattfand, ist einleuchtend."[1] Es müssen innige Beziehungen zwischen Aschaffenburger Künstlern und Cranach und seiner Werkstätte stattgefunden haben. So erkennen wir, um hier nur ein Beispiel anzuführen, deutlich, dass an den 6 Bildern der Aschaffenburger Galerie (Catalog von 1883: Nr. 262, 266, 286, 287, 295 und 296) zwei verschiedene Hände gearbeitet haben und dass der Cranach'sche Einfluss auf einen Theil derselben ein sehr bedeutender war. Besonders zeigt sich dies auf Nr. 263 und 287. Die heil. Magdalena erscheint uns in der üblichen Cranach'schen Tracht, das Anheben des Obergewandes in dieser Weise ist bei Cranach sehr üblich, man vergleiche damit z. B. die Ehebrecherin[2] in der Aschaffenburger Galerie Nr. 277. Weiterhin vergleiche man die Ornamentik an den beiden Gewändern. Sowohl bei Nr. 263 als auch bei Nr. 287 ist die Landschaft für Constatirung Cranach'-schen Einflusses charakteristisch: die hohen Berge oder das auf überhängenden Felsen gebaute Schloss erinnern uns sofort an Cranach's Manier. Ferner weist die Haarbildung des heil. Stephanus (Nr. 287) auf einen Künstler hin, welcher dem Cranach nahe gestanden hat; gerade das gekräuselte Haar, die etwas gezerrte Kopfbildung, die hässliche Zeichnung der Finger führt uns zu dem Meister, welchem wir die 37 Holzschnitte zugewiesen haben. Die gleichen Eigenthümlichkeiten, wie z. B. das Aufheben des Obergewandes mit der linken Hand (Nr. 262) sind auch unserem Meister „A" eigen; so sehen wir dies auf 36 Sts. (H. 67) bei der heil. Anna, oder bei der heil. Ursula auf 42 Rs., oder bei der heil. Magdalena auf 29 Rs. Dass dies charakteristische Eigenthümlichkeiten des Künstlers sind, beweist der Umstand, dass auf den Miniaturen des Halle'schen Domschatzes bei der gleichen Darstellung dies nicht der Fall ist. Sehen wir z. B. die Kopfbildung

1 Ueber das Nähere vergl. H. Janitschek. Geschichte der deutschen Malerei. pg. 395 ff.

2 Die Gestalt der Ehebrecherin abgebildet bei v. Hefner-Alteneck: Trachten, Kunstwerke und Gerätschaften. Bd VII, Nr. 496.

der heil. Magdalena (Nr. 262)an, so stimmt sie vollkommen überein mit der heil. Ursula auf 42 Rs. und 36 Sts. (H. 67.)

Wie ganz abweichend ist dagegen die ganze Behandlung des Gesichtes und der Hände auf dem Bilde Nr. 266 der Aschaffenburger Galerie, das den heil. Erasmus darstellt. Hierin erkennen wir wiederum den Pseudo-Grünewald, welcher mit wahrer Kunstfertigkeit Hände malt. wir erkennen in ihm leicht den gleichen Künstler des St. Victorbildes in der Stiftskirche zu Aschaffenburg, obgleich wiederum die Wolken (auch auf den Münchner Bildern) nicht von ihm, sondern von seinem Gehülfen, dem Pseudo-Cranach, gemalt sind, und zwar auf ähnliche Weise, wie auf Cranach's Kreuzigungsbilde (Catalog von 1888: Nr. 87) des Städel'schen Instituts. Wir kommen also zu dem Schlussresultate, dass der Gehülfe des Pseudo-Grünewald, welcher ebenfalls starken Antheil an den übrigen Gemälden (besonders an dem der Bamberger Galerie Nr. 57 und den Bildern in der Marktkirche zu Halle a. S.) hat, sich bei Cranach gebildet hat und bei den regen Verbindungen zwischen Halle, Wittenberg, Aschaffenburg und Mainz sich mit dem Pseudo-Grünewald verband, und dass er der Mitarbeiter am Halle'schen Heiligthumsbuche von 1520 war.

Der Künstler B:

Zuletzt seien noch die Holzschnitte: 31 Rs., 45 Sts., 89 Rs. und 108 Rs. erwähnt. Sie unterscheiden sich von den bis jetzt betrachteten durch die grosse Ungeschicklichkeit in der Wiedergabe der Gegenstände und durch die unsichere Zeichnung. Sie sind von so roher Natur, dass wir sie weder dem W. Traut noch dem Künstler „A" zuweisen können; am ehesten könnten die Zeichnungen von einem Formschneider herrühren, welcher im Zeichnen keine Gewandtheit besass.

Nachtrag.

Zum Schlusse drängt sich uns eine Frage auf. Wer war der Drucker des Halle'schen Heiligthumsbuches von 1520? Dasselbe ist, wie wir wissen, 1520 zu Halle ohne Angabe des Namens des

Druckers gedruckt.[1] Schwetschke[2] „möchte die Annahme, dass ein auswärtiger Typograph eigens nur zur Ausführung dieses Verzeichnisses" nach Halle berufen wurde, für wahrscheinlich halten, weist jedoch mit Recht die Ansicht Leich's[3] zurück, dass das Halle'sche Heiligthumsbuch von Martix Landsberg gedruckt sei, indem er die nöthigen Beweise bringt, dass die damals viel gebrauchten Schwabacher Typen auch von anderen Typographen angewandt wurden, so in Leipzig selber in den Drucken von Nicolaus Schmidt, von Michael Blum; Mauritius Brand in Magdeburg (1495), Wolfgang Stöckel in Leipzig (1519 u. 1520), Joh. Grunenbergk in Wittenberg (1520), ferner in einem gleichzeitigen undatirten Nürnberger Drucke etc. Schwetschke neigt sich ohne Beweis der Ansicht: „dass die Schrift zu unserm Verzeichniss in Leipzig gegossen wurde" zu.

Bei meinem jüngsten Aufenthalt in London fand ich in dem „Printroom" des British Museums den von Passavant[4] (Vol. IV, pg. 20) unter Nr. 202 erwähnten Holzschnitt mit dem Brustbilde des Typographen Georg Rhaw. Uns interessirt hier nur die Rückseite dieses Blattes,[5] wo sich zu unterst ein grosser Schnörkel befindet. Es ist nämlich mit geringer Abweichung der gleiche,

---

[1] Auf die volle Seite kommen 33 Zeilen. Als Wasserzeichen dient ein Ochsenkopf mit Kreuz und Stange.

[2] Gustav Schwetschke, Vorakademische Buchdruckergeschichte der Stadt Halle. Halle 1840. Cap. VIII, pg 20 ff.

[3] J. H. Leich, De origine et incrementis typographiae Lipsensis liber singularis cult-Lipsiae, in aedibus B. Ch. Breitkopfii. Anno typ. sel III 4ten pg 18

[4] Es ist ein Rundbild mit dem Portrait des Georg Rhaw; rings um das selbe ist sein Name und Alter (54) angebracht. Unterhalb desselben findet sich ein auf G. Rhaw bezüglicher lateinischer Vers. Passavant schreibt fälschlich in der ersten Zeile statt: «Qui iuuit studio» — «qui jussit studio.» Der Holzschnitt dürfte aus dem Jahre 1542 sein; er befindet sich auf der Stirnseite des letzten. Blattes des wohl im Jahre 1542 gedruckten «Hortulus animae.»

[5] Ausser diesem grossen Schnörkel finden sich zu oberst zwei kleinere; dann folgen die Worte:

Gedruckt zu Wit-
temberg durch
Georgen
Rhaw,

unterhalb ein Epheublatt und zuletzt unser grosser Schnörkel.

welcher im Halle'schen Heiligthumsbuche von 1520 öfters wiederkehrt und sich durch seine flotte und sichere Zeichnung und an-
muthige Form auszeichnet.

Doch sehen wir uns zunächst genauer das Leben Georg
Rhaw's[1] an. Er stammt aus der kleinen Stadt Eisleben, wo er
im Jahre 1484 das Licht der Welt erblickte. Wir finden ihn als
Cantor im Jahre 1519 an der Leipziger Thomasschule und im
folgenden Jahre sowohl in Leipzig als auch in Eisleben, in welch
letzterer Stadt er als Schullehrer thätig war. Nun folgt eine
Periode seines Lebens, die für uns in Dunkelheit gehüllt ist: die
Jahre von 1520—23. Plötzlich taucht er 1525 als Buchdrucker
in Wittenberg auf. Man frägt sich unwillkürlich, warum er
Leipzig und Eisleben verlassen hat: aber ebenso wenig ist es
bekannt, wo er die Buchdruckerkunst erlernte, ob er sie bereits
in Leipzig betrieb? Hager[2] äussert sich dahin, dass Rhaw bereits
1521 gedruckt habe, „bleibt aber die Belege schuldig". Sein uns
bekannter erster Druck stammt aus dem Jahre 1525. Aber gewiss
ist es beachtens- und erwähnenswerth, dass der grosse Schnörkel,
welcher sich im Halle'schen Heiligthumsbuche vorfindet, auch in
dem „Hortulus animae" vorkommt. Und man legt sich die Frage
vor, ob Rhaw etwa bereits in Leipzig die Buchdruckerkunst erlernte und aus für uns bis jetzt unbekannten Gründen die Stadt
verliess, um bald darauf eine eigene Offizin in Wittenberg zu
gründen. Aber in Uebereinstimmung mit der Vermuthung Rost's,
dass die Schrift zu dem Halle'schen Heiligthumsbuch in Leipzig
gegossen wurde, denken wir vielleicht nicht mit Unrecht daran,
dass der Drucker desselben ein Leipziger und dass Georg Rhaw
entweder als Lehrling oder als Gehülfe bei ihm thätig war, und
wir würden somit eine Erklärung für das Vorkommen des
Schnörkels in den beiden Werken haben. Dass der Drucker des
H. H. v. 1520, dessen Drucklegung gewiss auf eigene Kosten
des Cardinals geschah, ein auswärtiger war, können wir keinen

[1] Vergl. F. W. E. Rost, „Was hat die Leipziger Thomasschule für die
Reformation gethan?" Programm der Leipziger Thomasschule 1817. Leipzig.
bei W. Staritz.

[2] «Die so nöthig als nützliche Buchdruckerkunst und Schriftgieszerey»
Leipzig, 1740-8. part. II: pg 374.

Augenblick bezweifeln; wir kennen überdies aus dem Jahre 1520 keinen in Halle ansässigen Drucker.

Und vergleichen wir endlich die Schnörkel mit einander, so muss zuerst darauf hingewiesen werden, dass im H. H. v. 1520 selbst zwei Holzstöcke eines und desselben Schnörkels in Anwendung waren, wir wollen sie mit „I"[1] und „II"[2] bezeichnen. Wir sehen also, dass zwei von einander in der Zeichnung nur wenig abweichende Holzstöcke benutzt worden sind. Vergleichen wir dieselben mit dem Schnörkel aus dem „Hortulus animae", den wir mit „III" bezeichnen wollen, so sehen wir, dass „I" und „III" sich am nächsten kommen und dass die Zeichnung von „III" nur etwas kräftiger gehalten ist und der nach oben ausgehende Strich des Schnörkels eine horizontalere Richtung als der von „I" erhalten hat.[3]

Wir können also mit Bestimmtheit nicht entscheiden, ob G. Rhaw bereits in Leipzig die Buchdruckerkunst erlernt hatte; die Möglichkeit ist aber keineswegs ausgeschlossen. Es ist aber kaum anzunehmen, dass er der Drucker des H. H. v. 1520 ist, weil er 1520 in Eisleben thätig ist, doch denkbar wäre, dass es ein Leipziger Drucker und gerade derjenige war, bei welchem G. Rhaw die Buchdruckerkunst erlernt hatte.

---

[1] I" H. H. 1520 41 Rs.
[2] II" H. H. 1520 107 Rs.
[3] Siehe unsere Abbildung der drei Schnörkel.

www.ingramcontent.com/pod-product-compliance
Lightning Source LLC
Chambersburg PA
CBHW030608270326
41927CB00007B/1099